CONTENANT

Les Guides de la jeune Fille
et de l'Homme du Monde

· PAR ·

LA MARQUISE DE POMPEILLAN

PONTET-BRAULT, ÉDITEUR

13, Rue Malebranche, 13

· PARIS ·

LE GUIDE
DE LA FEMME DU MONDE

IMPRIMERIE PONTET-BRAULT

USAGES DU MONDE DANS LA SOCIÉTÉ MODERNE

LE GUIDE

DE LA

FEMME DU MONDE

PRÉCÉDÉ DU

GUIDE DE LA JEUNE FILLE

SUIVI DU

GUIDE DE L'HOMME DU MONDE

PAR

La Marquise de POMPEILLAN

PARIS
PONTET-BRAULT, ÉDITEUR
13, RUE MALEBRANCHE, 13

PRÉFACE

En écrivant ce livre, je n'ai eu qu'un désir : celui de satisfaire aux nombreuses demandes qui m'ont été faites de faire connaître d'une manière simple, claire et précise, les règles que l'étiquette, la politesse et le savoir-vivre imposent à une femme, dans les diverses circonstances de la vie.

Assurément, par des anecdotes, j'aurais pu augmenter de beaucoup l'importance de ce volume. Je n'ai pas voulu le faire. Afin de ne pas affaiblir la clarté indispensable à ce genre d'ouvrage, j'ai évité de diluer, dans des historiettes à côté, le sujet à traiter.

La méthode que nous avons adoptée nous permet, selon les circonstances où nous nous trouvons et en nous reportant aux chapitres indiqués par la table des matières, de connaître immédiatement les règles à observer pour mériter le titre, toujours si envié, de *Femme du Monde*.

Marquise de POMPEILLAN.

Le 20 octobre 1898.

LE SAVOIR-VIVRE
OU LES USAGES DU MONDE

Les usages du monde sont contenus dans diverses règles, qu'il est indispensable de connaître et d'observer si l'on veut avoir du savoir-vivre.

Ces règles sont aussi nécessaires à connaître pour être femme du monde, que celles de la grammaire pour parler et écrire correctement.

L'on a de la correction ou l'on en manque, selon que l'on se rapproche ou s'éloigne de ces règles.

Ces règles, qui contiennent les exigences, le cérémonial, le langage et les coutumes d'une société bien élevée, sont ses lois.

Ces lois sont morales, car elles excluent l'expression basse du parler et l'indécence du geste. Elles servent en outre de régulateur et de frein à la libre manifestation de nos désirs et de nos appétits.

Elles font disparaître, chez la personne qui les observe en toute circonstance, la violence, la brutalité, l'emportement et la grossièreté inhérents à beaucoup de natures masculines. Si elles ne rendent pas bon, en beaucoup de circonstances elles rendent meilleur.

Si Dieu nous a donné la bonté, les règles du savoir-vivre donnent à sa pratique des manières délicates, discrètes et polies qui en centuplent la valeur.

Les usages du monde n'obligent pas non plus à cacher sa manière de penser, ni n'empêchent d'avoir son franc-parler, mais astreignent à l'envelopper de certaines formes bienséantes, qui les font mieux écouter et plus aisément accepter.

Une vraie femme du monde se montrera réservée en tout et partout : chez elle, chez autrui et surtout en public.

Elle ne sera hautaine envers personne et principalement envers ses inférieurs. La sympathie ira vers elle de préférence, si le revers l'atteint ; et, dans la prospérité, l'envie pardonnera aisément à sa fortune.

C'est pour ces motifs que la connaissance des usages du monde, jusqu'ici l'apanage du petit nombre, doit se généraliser de plus en plus ; car la civilisation d'un peuple ne consiste pas seulement dans la façon d'agir, la tournure du penser, la manière de se conduire d'une élite, mais aussi en la manière dont agit, pense et se conduit le plus grand nombre.

GUIDE DE LA JEUNE FILLE

LA JEUNE FILLE

L'usage, dans nos pays, pour la jeune fille, n'a jamais admis les habitudes garçonnières et les libertés des Anglaises et des Américaines.

Est-ce un bien? Est-ce un mal? Ce n'est pas ici que nous pouvons en discuter. Cependant nous pouvons dire que tant que nous n'avons pas les lois suffisantes pour obliger l'homme qui compromet la réputation d'une jeune fille à réparer son tort, nous devons nous en tenir à nos usages.

D'ailleurs, l'éducation que la jeune fille reçoit dans sa famille s'oppose à ce qu'il en soit autrement, et cette éducation, il faut bien le dire, n'est que la résultante de ce lapsus de la loi.

Un homme du monde ne doit jamais compromettre personne sans avoir à cœur de réparer sa faute. Mais combien peu sont hommes du monde sous ce rapport?

A partir de l'âge où une jeune fille ne porte plus de

1

robe courte, c'est-à-dire quinze ans, elle ne joue plus avec les garçons, à moins que ceux-ci ne soient de la famille ou considérés comme tels.

Les jeux ont lieu sous l'œil des parents. Cette surveillance s'impose par l'ignorance de la vie qu'ont les jeunes filles.

La science de la vie, l'expérience des choses ne s'apprend que peu à peu, et c'est à la mère que revient le devoir de cette initiation. C'est donc à celle-ci, selon que sa fille a un tempérament positif ou une imagination romanesque et sentimentale, de lui élargir ou de lui restreindre son champ de vision.

Les usages concernant la jeune fille étant très limités, nous prions nos lectrices de consulter le *Guide de la Dame du Monde*, qui fait suite, pour le complément des renseignements dont elles pourraient avoir besoin.

Entrée et sortie de pension.

Toutes les fois qu'une jeune fille entre en pension ou en sort, c'est-à-dire qu'elle quitte sa famille ou y rentre, l'usage veut qu'elle aille faire ses visites d'adieu et de retour: d'abord à tous ses parents, ensuite aux familles qui sont dans l'intimité de la sienne et enfin aux personnes qui lui ont appris ses devoirs religieux.

Ces visites se font toujours accompagnée de sa mère, ou à son défaut d'une personne chargée de la remplacer.

Elles doivent être de courte durée.

La Jeune Fille dans un édifice religieux.

Le devoir de toute personne, et à plus forte raison d'une jeune fille, entrant dans un édifice religieux, consiste à éviter tout ce qui pourrait troubler le recueillement des fidèles.

Toute jeune fille entrant dans une église doit éviter d'offrir l'eau bénite à un jeune homme, à sa bonne ou à sa femme de chambre.

Le jour de sa communion, à l'église ou au temple, elle doit une visite à ses grands-parents et à ses maîtresses.

La jeune fille désignée pour faire la quête doit être vêtue très proprement, élégamment même, mais sans tapage ni luxe criard : car la maison de Dieu est la maison des humbles.

Elle ne peut quêter à la porte d'une église qu'accompagnée d'un chaperon.

Une jeune fille, entrant dans une église avec une personne plus âgée, doit ouvrir la porte, la tenir ouverte jusqu'à l'entrée de cette personne ; elle lui offre de l'eau bénite.

Usages concernant la Jeune Fille à l'égard de sa Famille.

Il ne serait pas convenable qu'une jeune fille ait les mains libres, quand son père ou sa mère porte un paquet ; — pas plus qu'il ne serait bienséant qu'elle s'emparât de la meilleure place dans une voiture au lieu de la laisser à ses parents.

L'usage veut qu'elle évite à son père ou à sa mère la fatigue du port des paquets ; et qu'elle donne à ceux-ci les places du fond de la voiture.

Si la jeune fille est au théâtre, dans une loge, avec son père et sa mère, elle se place avec celle-ci sur le devant ; celui-là se place derrière avec le frère.

Elle ne sort pas dans la rue avec son frère si celui-ci n'est pas marié, ni avec son cousin.

Cela s'entend pour les grandes villes où les habitants ne se connaissent pas ; mais il est évident que dans une petite ville il peut en être autrement.

Elle peut sortir, par contre, avec un beau-frère ou un oncle.

La Jeune Fille à la Campagne.

La jeune fille qui se trouve à la campagne avec ses parents doit observer certaines règles que le savoir-vivre lui impose.

Si elle reçoit une amie, elle doit lui réserver les places d'honneur.

Si cette amie est seule, elle la fera placer à côté de sa mère à elle : soit qu'elle monte en voiture, soit qu'elle se mette à table, soit qu'elle aille à la promenade.

Si cette amie est accompagnée de sa mère, c'est à celle-ci que vont les égards. Elle doit lui tenir compagnie et, en montant en voiture, elle se place à côté d'elle dans le fond, tandis que l'amie sera placée sur le devant.

Dans une excursion où l'on se sert de plusieurs voitures, la jeune fille se met dans la voiture où se trouve sa mère.

Elle ne doit jamais souffrir qu'une personne d'un certain âge se place à reculons à cause d'elle.

Dans la promenade elle ne doit jamais s'écarter, ni rester en arrière de sa mère ; mais elle doit toujours être sous ses yeux.

Elle ne doit jamais accepter pour cavalier qu'un père de famille.

Si elle monte à cheval, la mère doit la faire accompagner d'un homme âgé et elle-même doit suivre en voiture.

A moins que ce ne soit dans un parc clos où l'œil de la mère peut voir partout, il serait imprudent et déplacé qu'une jeune fille allât se promener seule dans une allée écartée.

Une Jeune Fille dans sa Correspondance.

Ce qui n'est pas permis à une femme mariée : c'est-à-dire d'avoir sur son papier à lettres ses chiffres en couleurs, est permis à la jeune fille.

Celle-ci pourra donc faire usage des papiers à lisérés de couleurs tendres, portant son chiffre de couleurs variées.

Mais comme le bon goût veut qu'en toute chose il y ait de l'harmonie, elle devra assortir la nuance des chiffres à celle de ce liséré et, à défaut de celui-ci, à celle du fond du papier.

Si vous voulez avoir quelque chose de très artistique et existant dans la nature, c'est de faire soutenir la couleur choisie par l'ombre qui la complète.

Si vous regardez un disque rouge ou rose, vous verrez qu'il est entouré d'une auréole verdâtre.

Si ce disque est orangé, l'auréole se trouve bleue.

—	jaune,	—	—	violette.
—	vert,	—	·	rougeâtre.
—	bleu,	--	—	orangée.
—	violet,	—	—	jaune.

Il est évident qu'il faut que ces auréoles soient de nuances très légères ; et cette méthode peut s'employer très avantageusement dans la toilette, en mettant sur un fond d'étoffe, les accessoires se rapprochant, comme couleur, des auréoles.

Une jeune fille, en dehors de sa famille, ne doit jamais écrire qu'à ses amies, à ses maîtresses, à ses parrain et marraine.

Pique-Nique, Philippines, Garden-Party.

Les *Pique-Nique* sont des parties de plaisir où chaque invité paye son écot.

Une jeune fille ne paie jamais pour une personne plus âgée ou pour une femme mariée.

Cependant, si c'est elle qui invite ou qui fait faire la dépense, elle doit payer.

Lorsque dans ces parties de plaisir se trouvent des hommes, c'est à ceux-ci que revient le devoir de payer toutes les dépenses.

Si vous êtes entre jeunes filles ou entre dames, et qu'il y ait une famille nombreuse, les frais doivent être payés par celle-ci, mais, nous le répétons, tout dépend des invitations et des moyens de fortune.

On doit refuser que l'on vous rembourse, si vous avez payé plus que votre quote-part. Mais les personnes ainsi obligées vous doivent une politesse en échange.

En principe, l'usage du monde exige que si l'on accepte une politesse on doit la payer de retour.

Les *Philippines* ne doivent être tirées par une jeune fille qu'avec des jeunes gens qui sont ses parents. Car la plupart du temps, le jeu étant suivi de cadeaux, ce serait s'engager que d'accepter des personnes que nous ne connaîtrions pas très bien.

Vous ne devez recevoir un bijou que si l'homme qui

perd la philippine est votre parent ascendant ou âgé, ou s'il est votre fiancé, en dehors de ces cas, il ne pourra vous être offert qu'un sac de bonbons, un éventail, un bibelot, etc.

Vous ne devez offrir, si vous perdez une philippine, que des bagatelles : cendrier, porte-plume, couteau à papier, écritoire, etc., etc., des choses de peu de valeur, car on sait bien que nous disposons toujours de peu d'argent, et même sans cela, ce serait faire de la peine et gêner un homme à qui l'on ferait un cadeau de prix.

Les *Garden-Party* sont des parties de jardin, où les dames sont en toilette de visite.

Pour cette circonstance, des tables, des buffets et des sièges se trouvent placés dans le jardin, où un lunch permanent est offert.

La réception a lieu comme dans un salon, avec cette différence qu'il y a ici un peu plus de liberté, que l'on peut se promener, sans jamais toucher ni aux fleurs, ni aux fruits, etc.

Une jeune fille ne doit jamais quitter sa mère dans une partie de jardin, elle doit observer les mêmes prescriptions que pour la campagne.

Une Jeune Fille en voyage.

Quand une jeune fille voyage, l'usage veut qu'elle ne le fasse jamais seule.

L'étiquette, qui exige que les domestiques ne se trouvent jamais dans le même compartiment que les maîtres, sauf qu'il y ait de tout petits bébés à soigner, impose que la bonne, qui accompagne une jeune fille à défaut de sa mère ou d'un parent âgé, se place avec elle et à côté d'elle.

Dans un hôtel, elle ne devra circuler et se rendre au salon qu'en compagnie de ses parents, et à table d'hôte, elle devra prendre place à leurs côtés.

Dans une plage, elle devra beaucoup veiller à sa tenue et se surveiller dans sa démarche.

Elle ne devra accepter à danser, au casino, que les personnes présentées à ses parents.

La Jeune Fille à table.

Dans un dîner où se trouvent plusieurs invités, une jeune fille ne doit accepter que le bras du cavalier choisi par ses parents.

Si ceux-ci, trop occupés par le service ou par oubli, omettaient cette obligation, elle peut accepter le bras d'un monsieur âgé, et celui-ci, sans manquer aux convenances, peut et même doit réparer cet oubli, s'il s'en aperçoit.

En arrivant à sa place, elle exprime son remerciement à son cavalier par une légère inclination de tête, accompagnée d'un regard, d'un léger sourire ou simplement d'un : merci, monsieur.

Il faut éviter de manger trop vite, comme la jeunesse a une tendance à le faire, mais tâcher de suivre les autres convives.

La Jeune Fille dans un Salon, au Bal. — Entrée dans le Monde. — Bals blancs, Bals roses.

La vie d'une jeune fille se compose de trois grands événements :

Sa première communion, son mariage et, entre les deux, son entrée dans le monde ou son premier bal.

Quelle joie ! la première fois que la maman annonce la bonne nouvelle : « Fifille, tu viens d'avoir dix-huit ans ; je te conduirai à la soirée de madame une Telle... »

Que de rêves !... Que de nuits blanches !... et pourtant... pourtant... mais c'est l'usage, et où trouver un mari ?

Enfin ! nous venons d'avoir dix-huit ans, nous allons en soirée et nous venons d'en commander la toilette.

Celle-ci doit être généralement blanche, légère, simple. Il faut éviter soigneusement que l'on y mette des rubans et des fleurs. Un bouton de rose ou une pâquerette sont ce qui conviennent le mieux comme ornements.

Il faut éviter également d'avoir des bijoux. Si le cou est un peu long, un étroit ruban de velours corrigera ce léger défaut.

Quelle que soit la beauté d'une jeune fille de dix-huit ans, son âge possède toujours un charme pouvant se suffire par lui-même.

Son maintien, son port de tête, son regard doivent être modestes. Quand elle fait son entrée dans le salon, elle entre après sa mère et avant son père. Elle doit éviter d'embrasser la première une dame âgée, ou de lui tendre la main ; mais elle doit attendre qu'on la lui offre.

Avec une personne d'un certain âge, l'on ne doit ni discuter, ni lui montrer qu'elle peut avoir tort, mais écouter et répondre avec déférence.

Elle s'assied devant sa mère. Le jeune homme qui doit l'inviter à danser lui a d'abord été présenté. A sa demande : *Voudriez-vous me faire* ou *Me ferez-vous l'honneur, mademoiselle, de m'accorder,* etc., etc., vous

1.

répondez : *Avec plaisir*, ou : *Volontiers monsieur*. A un bal on accepte toujours les invitations à une danse ; cependant si des circonstances impérieuses vous obligeaient à un refus, vous le formulez : *Il m'est pénible, monsieur, de devoir vous refuser, mais je...* etc.

Une jeune fille ne doit jamais oublier que ce serait une grave offense envers quelqu'un que l'on aurait refusé, si elle continuait de danser avec un autre cavalier. Une jeune fille qui danse doit le faire indistinctement et avec bonne grâce, avec tous ceux qui lui en font la demande.

Si par extraordinaire un de ces oublis arrivait, le père ou la mère doivent vivement s'en excuser auprès du cavalier évincé.

Il est indispensable, pour une jeune fille, de se souvenir de ses promesses et d'éviter des confusions dans l'ordre des invitations qu'elle a reçues.

Si vous n'êtes pas invitée à danser, il ne faut en témoigner aucune humeur, c'est un oubli qui sera promptement réparé. Dans ce cas, vous entamez une conversation avec la personne qui est à côté de vous.

L'usage ne permet pas, sans être fiancés, de danser trop souvent avec le même cavalier.

S'il est admis que pendant l'arrêt d'une danse une jeune fille puisse causer avec son cavalier, il ne l'est pas qu'elle rie ou lui parle derrière son éventail.

Une jeune fille peut, sur la demande de son cavalier, le présenter à ses amies, et si ce cavalier lui a été présenté par la maîtresse de la maison elle peut lui demander la permission de le présenter à son père ou à sa mère.

Une jeune fille reconduite à sa place par un cavalier lui doit un profond salut à titre de remerciement. Je sais bien qu'il y en a qui se contentent du *shake-hand*, mais le salut est plus mondain.

Une jeune fille ne doit jamais se déganter, hors le cas où elle est engagée à faire de la musique. Dans ce cas, elle ne retire ses gants que lorsqu'elle est assise au piano. Elle les dépose sur l'instrument et les remet de retour à sa place.

Dans un bal blanc ne sont invités que jeunes gens et jeunes filles, celles-ci en blanc. Un bal rose est un bal où toutes les jeunes femmes sont habillées en rose. Dans un bal Louis XV, les danseuses et danseurs, vêtus en costumes Louis XV, dansent le menuet, la pavane et la chaconne. Nous indiquons à la fin de cet ouvrage la manière de les danser. Il peut y avoir des bals d'oiseaux, de fleurs, etc., etc.

Une jeune fille dont la mère reçoit, se doit également, sans marquer de préférence, à toutes les jeunes filles qui assistent à cette réception.

La Jeune Fille dans les réceptions et les visites.

Les usages du monde défendent absolument à une jeune fille de recevoir, seule, la visite de messieurs et de dames mariés.

Il leur est également défendu de leur rendre visite.

Elle ne peut recevoir que des visites des amies de son âge ; ces visites, revêtant toujours un caractère d'intimité et de camaraderie, se font sans apparat. On reçoit dans le petit salon, sans cérémonial.

Il est bon que la mère les surveille de temps à autre, et même y préside.

On peut offrir de légères collations, des friandises, des sirops.

Une jeune fille ne peut faire des cadeaux qu'à des enfants, à ses amis ou à ses professeurs et maîtresses.

Une jeune fille ne doit jamais se servir de cartes de visite à son nom ; elle se contente, quand elle veut se rappeler au souvenir d'une personne, de mettre son nom au crayon au bas de la carte de visite que sa mère envoie.

Une jeune fille, se trouvant dans un salon où il n'y a plus de siège pour une dame qui entre, doit se lever et offrir sa place.

La Jeune Fille dans un baptême.

Une jeune fille qui accepterait d'être marraine avec un jeune homme pour parrain, qui la rechercherait en mariage, autoriserait, par ce fait, celui-ci à se considérer comme fiancé. — Les parents ne sauraient trop se le rappeler. — La marraine est toujours accompagnée de sa mère.

Le rôle de marraine impose un devoir de presque maternité à l'égard de son filleul. L'usage veut qu'elle fasse un cadeau à la mère et qu'elle donne à son filleul la pelisse ou le bonnet.

Elle fait participer ses amies aux dragées que le parrain lui a données.

De la Toilette qui convient le mieux à une jeune fille.

Les dentelles, le cachemire, la soie doivent être exclus de la toilette d'une jeune fille, car ces tissus ne sont employés que par les femmes mariées.

Les étoffes légères, de couleurs claires, tendres, sont

celles, hormis le cas de deuil, qui lui conviennent le mieux.

Les robes doivent être simplement drapées, sans ces plis horizontaux qui alourdissent la taille au lieu de lui conserver toute sa sveltesse.

Jusqu'à vingt ans elles ne doivent porter que des bijoux de fantaisie : corail, cornaline, vieil argent et autre métal. A vingt ans, elles peuvent porter des pierres précieuses et un peu d'or.

Ce n'est que quand on est mariée qu'il est permis d'avoir des diamants et des bijoux en or; encore faut-il en être très sobre et qu'ils soient très légers.

L'Ameublement.

Le seul ameublement considéré appartenir à une jeune fille est celui qui compose sa chambre à coucher; nous ne pouvons parler que de celui-là.

La chambre d'une jeune fille est un sanctuaire interdit à tout profane.

Il n'y a que la mère, le père et les amies intimes qui puissent y pénétrer.

Ce lieu sacré est un autel élevé à la pudeur, aussi ne doit-il contenir ni tableau, ni statue dont le sujet serait léger.

Tout doit y être soigneusement voilé. Si rien de ce qui se rapporte aux usages intimes ne doit se montrer dans une chambre de femme, à plus forte raison dans celle d'une jeune fille.

La mousseline, les étoffes transparentes de couleurs tendres sont seules admises.

Les meubles qui conviennent le mieux sont le bambou, le pitchpin, et ces meubles laqués blanc de fabrication récente.

Les Fleurs et les Parfums.

Les fleurs sont un peu nos sœurs, c'est pour cela sans doute que nous les aimons tant. Malgré cela, nous ne saurions les accepter ou les choisir indifféremment, car certaines d'entre elles sont exclusivement réservées aux femmes ou aux hommes. Chacune porte en elle un symbole, et certains symboles n'étant pas en rapport avec notre âge ou notre état ne sauraient leur convenir.

A une jeune fille conviennent toujours :

La violette,	dont le symbole est :	sincérité et modestie.
Le bouton de rose,	— —	grâce naissante.
La rose blanche,	— —	jeunesse.
La rose pompon,	— —	gracieuseté juvénile.
Le muguet,	— —	beauté décente.
La primevère,	— —	amour enfantin.
La sensitive (gris pâle),	— ·	pudeur.
La verveine,	— —	douce confidence.
Le myosotis,	— —	tendre souvenir.
La reine-marguerite.	— —	amitié et estime.

Quand nous serons fiancée nous pourrons rechercher :

Le myrte,	qui signifie :	amour pur.
La carmentine blanche,	—	fiançailles.
La fleur d'oranger,	—	virginité.
Gordonia blanc (et non gardenia),	—	affection pure.
Pivoine blanche,	—	sincérité du cœur.

Le lilas blanc, qui symbolise un amour profane et profond, ne peut se recevoir que quelques jours avant le mariage

Il faut qu'une jeune fille évite soigneusement les parfums violents. Le mieux pour elle serait de s'en passer ; cependant si elle tient à se parfumer, les parfums à la violette, au muguet, à l'iris sont les seuls qu'elle doive employer.

La Jeune Fille Demoiselle d'honneur.

La toilette d'une demoiselle d'honneur doit être de couleur claire. Le blanc est exclusivement porté par la jeune mariée.

Le jour du mariage, la demoiselle d'honneur attend que son garçon d'honneur vienne la prendre, pour la conduire, avec sa famille, chez la mariée.

Elle accepte le bras que son cavalier lui offre.

A l'église, la demoiselle d'honneur est chargée de faire la quête ; le garçon d'honneur l'accompagne en lui donnant la main.

A table, pour le repas, elle est placée à côté du garçon d'honneur.

S'il y a bal, elle l'ouvre avec celui-ci. Elle peut assister au bal en robe blanche, légèrement garnie de fleurs de couleurs.

Après le bal, le garçon d'honneur lui offre de la reconduire chez elle avec sa famille : il est d'usage que celle-ci lui épargne cette dernière fatigue. Un usage tout récent, qui tend à se généraliser en province, permet aux filles ainsi qu'aux garçons d'honneur de porter un bouquet, ainsi que des flots de rubans attachés à l'épaule gauche.

La Jeune Fille orpheline.

Une jeune fille, orpheline de mère, ne pourra guère tenir la maison de son père avant l'âge de vingt-et-un ans, et, si celui-ci est soucieux de se conformer aux usages, il devra adjoindre à sa fille, jusqu'à l'âge de vingt-cinq ans, un chaperon choisi parmi ses parentes.

Cette obligation ne se comprend que pour les pères appelés, par leur profession, à de fréquentes et longues absences.

Pour les préliminaires d'un mariage, comme il est impossible à un père d'assister à toutes les entrevues, etc., il est indispensable qu'il se fasse seconder par une parente.

Il faut soigneusement éviter de choisir pour chaperon une jeune femme ou une personne qui ne serait pas d'une réputation parfaite.

Le père accompagne partout sa jeune fille et ne doit la confier qu'à des mains absolument sûres.

Ce n'est pas que celle-ci ne soit, en général, raisonnable, sérieuse et sensée ; mais c'est que les mauvaises langues n'étant malheureusement pas rares, il faut se sacrifier à la crainte du qu'en-dira-t-on.

Vous auriez tort de trouver cela puéril, car beaucoup d'établissements de jeunes personnes ont été manqués à cause de la médisance.

La jeune fille est comme la femme de César, elle ne doit pas être soupçonnée, sous peine d'éprouver les plus grands ennuis après le mariage.

En effet, si le malheur veut qu'il arrive à l'oreille de notre mari un écho de notre passé où la malignité aura mis son venin, ce sera fini de notre bonheur.

C'est pour cela qu'il faut que notre vie de jeune fille soit mise à l'abri de tout reproche et de tout soupçon, par une conduite très sérieuse.

*
* *

Si la jeune fille est orpheline de père et de mère, elle devra se laisser guider par sa sœur aînée. Celle-ci lui servira de mère et devra la remplacer en toutes occasions.

Si les orphelines sont du même âge et qu'aucune des deux ne soit mariée, l'adjonction d'une vieille parente s'impose.

Il en serait de même si l'orpheline était seule.

Il est évident que, dans toutes les circonstances où le chaperon tient lieu de mère, il doit être traité avec tous les égards dus à celle-ci.

Du Choix du Fiancé.

Le fiancé est choisi soit par nous, et nous devons dans ce cas soumettre ce choix à la ratification de nos parents, ou il est choisi par ceux-ci qui, à leur tour, nous le soumettent. Car l'usage et les mœurs ne veulent plus qu'une jeune fille soit mariée contre son gré et son consentement.

La première qualité que l'on doit rechercher chez un fiancé, c'est celle du cœur. C'est le fond, la pierre d'assise sur laquelle doit s'édifier notre bonheur, si nous voulons qu'il soit durable et ne s'envole pas au moindre revers, ou quand viendra l'apaisement des sens.

Un homme sans cœur, quelles que soient ses promesses, sa position et sa fortune, nous rendra toujours malheureuse, car il ne saurait être bon sans hypocrisie ; tandis que celui qui a du cœur peut faillir, mais il reviendra toujours à son devoir pour peu que nous en prenions la peine.

*
* *

L'usage du monde nous défend de rester en tête à tête avec un jeune homme, s'il n'est notre fiancé.

Dans le choix de celui-ci, nous ne saurions être trop

prudente ni trop circonspecte, et ne pas nous borner à nos premières impressions, car l'inexpérience que nous avons de la vie rendra celles-ci souvent trompeuses.

Cependant, c'est la première impression qui détermine la sympathie, prélude de l'amour; mais il faut que cette impression favorable de prime abord soit confirmée par l'enquête que nos parents feront sur l'élu.

Nous devons repousser impitoyablement :

Celui qui parle mal de ses parents ;

Celui qui méprise les pauvres ;

Celui qui se moquerait de nos sentiments religieux ;

Celui qui mésestime la femme ;

Celui qui met toujours en avant son intelligence ;

Celui qui ne parle que de sa fortune ;

Celui qui ne parle que de soi ;

Et, enfin, celui qui n'aimerait pas sa patrie, car les sentiments altruistes sont liés intimement. Et celui qui dirait aimer l'humanité en détestant sa patrie serait un fourbe, incapable d'aimer quoi que ce soit, même sa famille.

Il est vrai que, devant vous, il cachera soigneusement ce qui pourrait lui nuire; mais une enquête bien conduite vous fera connaître le fond qu'il y a en lui.

Cependant, il est des circonstances où il ne saurait toujours conserver son rôle d'hypocrite : c'est à votre habileté de provoquer ces circonstances, qui vous le montreront dans la spontanéité de l'impression, tel qu'il est.

Les Préliminaires du Mariage.

Nous avons dit, dans le chapitre précédent, que l'usage et les mœurs ne permettaient plus aux parents de marier leurs jeunes filles sans leur consentement, et c'est un grand bonheur pour elles, car, il n'y a pas encore bien longtemps, les parents disposaient de leurs enfants sans les prévenir et faisaient ainsi, avec les meilleures intentions, des mariages mal assortis.

De nos jours, ils comprennent mieux la lourde et grave responsabilité qu'ils assumeraient en agissant ainsi ; aussi ils consultent toujours la jeune fille sur le choix qu'ils ont fait ; la conseillent, la dirigent, mais doivent lui laisser son entière liberté d'option.

Le choix du fiancé définitivement fixé, on procède aux arrangements préliminaires, tels que : règlement des questions financières, des questions d'avenir, de position, etc., etc.

Les jeunes gens ne doivent pas assister à ces arrangements et doivent même les ignorer.

Pendant ces négociations, ils s'abstiennent de se voir dans leurs familles ; mais les parents savent leur ménager des rencontres dans des endroits neutres.

C'est après que tout a été définitivement entendu que la présentation officielle a lieu, l'engagement pris et qu'on est fiancés.

Dès cette présentation ; les deux familles fixent la date du mariage et elles l'annoncent par visite ou par lettre à leurs parents, amis et connaissances, au moins huit jours à l'avance. Si, passé ce délai, on s'aperçoit d'un oubli, il est bienséant d'aller s'excuser ou d'envoyer une lettre très amicale.

Dans la semaine qui suit l'entrevue, les parents de la jeune fille doivent donner un dîner à la famille du futur ; celle-ci le rend quelques jours après.

Ces repas se font dans l'intimité des deux familles, du notaire et de la personne qui a servi d'intermédiaire aux premiers pourparlers.

Au premier de ces repas, la jeune fille reçoit de son

fiancé un bouquet de fleurs blanches et l'anneau des fiançailles.

La place de la jeune fiancée, à table, se trouve entre le père de son futur et celui-ci.

A partir de ce repas, sa liberté est restreinte, car son fiancé a le droit de lui rendre visite à toute heure du jour ; elle recevra des bouquets qui précéderont ces visites.

Ces bouquets, qui lui seront remis, iront des nuances claires jusqu'au rouge foncé la veille du mariage.

Pendant les visites de son fiancé, la mère de la jeune fille est toujours présente ; cependant, connaissant l'impatience des jeunes gens de se trouver seuls, elle leur ménagera quelques minutes de tête à tête en laissant la porte de la pièce ouverte.

Ce serait un grand manque de convenance de fermer cette porte. A chacune de ces visites, la jeune fille détache deux fleurs du bouquet ; elle en donne une à son fiancé et met l'autre à son corsage.

Le Mariage.

Notre fiancé nous a invitée, avec maman, à visiter l'appartement qui sera notre nid ; nous avons choisi les tentures et tout ce qu'il faut pour nous le rendre agréable.

Aujourd'hui, signature du contrat, notre fiancé nous fait don de la corbeille de mariage.

Quand vient le moment de la signature, c'est à nous, fiancée, que revient l'honneur de signer la première ; nous devons présenter ensuite la plume à notre futur seigneur et maître.

La signature du contrat peut être suivie d'un bal, la

toilette de la fiancée doit être rose ou blanche. Elle doit danser la première contredanse avec son fiancé, la seconde avec le notaire de la famille et les deux autres avec les garçons d'honneur qu'on a dû lui présenter.

Pendant la soirée, elle ira, au bras de sa belle-mère et suivie de son mari, remercier les invités.

Pour le mariage à la mairie, elle se place devant l'officier de l'état civil, à la droite de son fiancé.

La jeune fille signe la première sur le registre ; elle présente ensuite la plume à son mari, qui la remercie en substituant le mot *Madame* à celui de mademoiselle.

La voiture de la fiancée et de sa famille précède la voiture du futur et de ses parents, pour se rendre à la mairie et à l'église.

Pour le mariage religieux, la mariée pénètre dans l'édifice au bras de son père ; elle s'arrête un instant à la porte pour permettre au cortège qui la suit de se former. Derrière elle, vient le marié, donnant le bras à sa mère, et la mère et le père des mariés forment le troisième couple, suivi des témoins, proches parents, garçons et demoiselles d'honneur.

A l'entrée du chœur, la jeune mariée quitte le bras de son père, et s'asseoit dans le fauteuil à gauche, tandis que son mari prend celui de droite.

Les invités de la mariée prennent place de son côté ; ceux du marié se placent du côté opposé.

Aux demandes de l'officiant, si elle consent à prendre pour époux, etc., elle répond nettement et clairement : Oui.

Après la bénédiction des alliances, les mariés ôtent leurs gants ; le marié, après un salut, prend l'anneau destiné à sa femme et le lui passe à l'annulaire de la main gauche. Cette cérémonie finie, les mariés remettent leurs gants.

A Paris, il n'est plus d'usage que le mari se passe une alliance au doigt.

L'office terminé, on se rend à la sacristie pour la signature de l'acte ; la mariée donne le bras à son mari.

Aussitôt après la signature, l'assistance défile devant les jeunes époux. A chacun la jeune mariée doit un sourire, un salut, une aimable parole et aux personnes intimes un serrement de main.

Il n'y a que les parents et les très intimes amies qui peuvent l'embrasser.

En sortant de la sacristie, elle donne le bras à son mari, et à la sortie de l'église, ils montent ensemble dans la même voiture.

S'il y a un bal, la jeune mariée, ayant vu tout le monde à la sacristie, n'aura pas besoin de remercier les invités comme il a été prescrit pour le bal du contrat.

Le trousseau d'une jeune mariée est en général d'une valeur égale au vingtième de sa dot.

La jeune fille étant maintenant mariée, les renseignements complémentaires ont leur place toute indiquée dans le chapitre : *Après le mariage.*

DES USAGES DANS DIVERS MARIAGES

Mariage d'une demoiselle âgée de plus de trente ans.

Il est d'usage, sans l'approuver pour cela, qu'une demoiselle qui a passé la trentaine, se marie dans les mêmes conditions qu'une veuve. Sauf le vêtement blanc qui est permis.

Je me permets de protester contre cet usage et je recommande aux demoiselles, que la maturité a surprises, de se marier selon leur goût. Ce n'est pas une raison, si les circonstances les ont obligées à ne pas se marier plus tôt, de renoncer pour cela aux joies du cérémonial des jeunes filles.

Mariage d'une veuve.

Au point de vue légal, une veuve peut se remarier dix mois après le décès de son mari, mais les usages du

mondo veulent qu'elle attende deux ans. Cependant, si
des circonstances impérieuses l'exigent, elle pourra se
remarier au bout d'un an, c'est-à-dire à la fin du grand
deuil.

Pour le mariage d'une veuve, on n'adresse point d'invitation pour la cérémonie religieuse. Elle se rend à
l'église, de même qu'à la mairie, avec ses témoins et
quelques parents, en chapeau, toilette simple, d'une
couleur claire, sans fleurs à la ceinture.

Un déjeuner a lieu après la célébration du mariage où
n'assistent que les témoins et les parents.

Huit jours après, les nouveaux mariés envoient leurs
cartes et lettres de faire part, et cessent leurs relations
avec les personnes qui ne leur en retournent pas.

La nouvelle mariée n'est pas tenue aux visites de
noces.

Mariage d'une femme divorcée.

Au point de vue religieux, le divorce n'est pas reconnu.

Une bonne catholique ainsi qu'une bonne protestante
ne divorcent pas.

La lettre de faire part d'une femme divorcée portera
son nom de jeune fille.

Dès son divorce, sa dot lui a été rendue et elle est de-
venue étrangère à son ancien mari. En cas de mort, elle
ne porte pas son deuil. Une femme ne peut se remarier
que dix mois après la dissolution de son premier mariage.

Je ne conseille pas l'usage de porter autant d'anneaux
que l'on s'est de fois remariée, — cet usage a quelque
chose de choquant pour le nouvel'époux. Il n'ignore pas
que vous avez été déjà mariée, alors pourquoi le lui

rappeler constamment par la vue de vos divers anneaux de fiançailles?

Le cérémonial est le même que pour le mariage d'une veuve ; seulement, ici, la toilette peut être plus gaie, elle peut se parer de fleurs roses et rouges, et porter des diamants et des dentelles.

Pour faire sentir la gravité du divorce, nous indiquons ci-dessous les effets qui en résultent.

Les enfants conservent leurs droits de filiation et de succession, mais ils ne vivent plus avec vous par droit de nature, mais selon que le tribunal l'ordonne.

En cas de remariage, les enfants n'y assistent pas.

L'époux présumé coupable perd tous les avantages que son conjoint avait pu lui faire, soit par contrat de mariage, soit depuis le mariage ; il est en outre déchu du droit de jouissance légale qu'il pouvait avoir sur les biens de ses enfants.

La loi peut le condamner, si son conjoint n'a pas les moyens suffisants pour assurer son existence, à lui fournir une pension qui ne peut dépasser le tiers de ses revenus.

L'époux en faveur duquel le divorce a été prononcé ne perd aucun de ses avantages.

GUIDE
DE LA FEMME DU MONDE

GUIDE DE LA FEMME DU MONDE

APRÈS LE MARIAGE

Après la cérémonie du mariage, il est d'usage d'offrir aux parents et aux témoins un déjeuner dinatoire ou un lunch. (Voir au chapitre : *Les Lunchs*, pour les explications.)

La jeune fille qu'on n'appelle plus maintenant que : *madame*, y prend place en costume de voyage, s'il a été décidé que les nouveaux époux partiront le soir même. Dans ce cas, la jeune mariée ne devra pas assister au bal.

∴

S'il y a bal et que celle-ci y assiste, elle se contentera de substituer à son corsage montant un corsage légèrement décolleté. Elle aura quitté son voile tout en conservant sa couronne.

Elle devra porter des gants blancs.

2.

* *

Les visites de noces ne commencent que trois semaines après le mariage ou au retour du voyage, si celui-
ci dure plus longtemps.

Il est indispensable de dresser la liste des visites avec
beaucoup de soin et de prudence, et les deux jeunes
mariés doivent s'en occuper ensemble.

Les personnes qu'elles ne désirent plus fréquenter
sont exclues de ces visites. Celles-ci comprennent par là
qu'elles doivent se regarder comme écartées de leur
société. Ces visites se font avec son mari ; on les commence par la famille de son mari, en alternant avec la
famille de la femme.

Si le mari est trop occupé, la jeune femme continue
une partie de ses visites en compagnie de sa belle-mère.

En aucun cas, elle ne doit faire ces visites avec sa
mère à elle.

L'Entrée en Ménage.

Il faut laisser s'écouler six semaines ou deux mois environ avant de prendre un jour de réception.

·Pour les débuts, il est indispensable que la jeune
femme soit secondée par son mari, s'il est libre. A son
défaut, il pourra être remplacé par sa mère à elle, sa
belle-mère ou encore un chaperon.

Une jeune femme dont le mari est obligé de s'absenter
doit se retirer chez ses beaux-parents. Il serait mal séant,
venant d'entrer dans une nouvelle famille, de lui témoigner de l'éloignement ou de la méfiance en allant résider

dans sa propre famille. C'est ainsi que cet acte serait in-
terprété, si vous poussiez le manque d'usages jusqu'à le
commettre.

Il faut des motifs très graves pour passer outre à cette
règle.

Pendant l'absence de son mari, au commencement
d'un mariage bien entendu, elle ne devra sortir qu'avec
ses beaux-parents ou une bonne, et continuer à vivre en
observant les mêmes règles que quand elle était jeune
fille.

La Femme du Monde dans la Famille.

Le savoir-vivre, qui consiste à être indulgent et tolé-
rant pour les étrangers, à adoucir pour eux les angles de
notre caractère, à leur dissimuler nos défauts et nos infirmités naturelles, exige, à plus forte raison, que nous
fassions bénéficier notre famille, ceux avec lesquels nous
vivons, de la sociabilité que le savoir-vivre nous donne.

Notre premier rôle est de rendre d'abord heureux tout
ce qui vit autour de nous, et une personne ayant du savoir-vivre ne saurait l'oublier.

Il est de notre devoir de rendre la vie de famille douce
et agréable à ceux qui la partagent avec nous, et pour cela
nous devons nous rendre toujours meilleurs les uns auprès des autres.

Le sans-gêne chez soi conduit à la grossièreté, et
celle-ci finit toujours par étouffer les sentiments de respect, d'amour et d'estime qui cimentent l'affection et la
rendent durable.

Vos parents doivent toujours occuper la première
place — vos ascendants ont le pas sur les autres invités

et jamais vous ne devez leur manquer de respect.

On doit offrir le bras à un parent âgé ou infirme. On doit lui avancer un fauteuil, montrer pour lui toutes les attentions.

A table, s'il y a un bon morceau, il doit être réservé pour lui et vous devez également lui réserver la place la plus confortable.

Les parents ne doivent pas habituer leur enfant à être toujours servi par eux, à recevoir les meilleurs morceaux, la meilleure place, à ce que l'on se dérange constamment pour lui, mais doivent lui faire comprendre peu à peu qu'il doit savoir se contenter de ce qu'on lui donne.

Il faut habituer également l'enfant aux règles de la civilité.

Il faut lui apprendre à se taire quand les grandes personnes parlent ; à se découvrir quand une personne lui adresse la parole ; quand il embrasse les grands-parents, il doit également avoir la tête nue.

On doit l'habituer à porter des paquets, à aider dans la maison, à se rendre utile.

Il est du devoir d'une mère de famille de lui inculquer le respect qu'il doit aux infirmes, aux malheureux, et l'habituer à faire la charité.

Pour le corriger de l'égoïsme, généralement inhérent à la nature humaine, on lui fait prendre l'habitude de partager les douceurs qu'on lui donne, de prêter ses jouets, d'être bienveillant pour les enfants malheureux et patient pour tous ses camarades.

On ne saurait trop, si c'est un garçon, lui donner des principes de politesse à l'égard des fillettes ; qu'il évite d'être brutal avec elles ; qu'il sache céder aux demandes de celles-ci ; qu'il évite avec grand soin de prononcer des mots grossiers. C'est le meilleur moyen d'en faire un homme sociable pour tous, et un futur protecteur loyal et généreux pour la femme.

Si le vernis du savoir-vivre disparaît à la première alerte, chez beaucoup de personnes, c'est que ce n'est que du vernis ; tandis que l'usage du monde, appris dès le bas âge, s'assimile si bien au sujet, que celui-ci ne s'en départit jamais, quelle que soit la gravité des circonstances.

Nous avons vu, dans des événemeuts terribles et récents, combien la sauvagerie primitive de l'espèce reprenait rapidement l'individu. Pourquoi ? Parce qu'ainsi que nous le disons plus haut, ils n'avaient que le vernis du savoir-vivre.

La famille, c'est la grande et la seule éducatrice de l'enfant. Ne l'oublions pas. Du moment que les principes que nous avons ne sortent pas de cette source, le moindre grattage les fera disparaître.

L'éducation est supérieure à l'instruction en ce que celle-ci ne s'adresse exclusivement qu'à l'intelligence, tandis que l'autre s'adresse au cœur ; et que l'humanité n'a marché que par les hommes de cœur secondés par leur intelligence.

Donc, éduquons d'abord, instruisons après si nous le pouvons, et nous vivrons dans l'idéal des sociétés.

Une mère fait passer ses enfants devant elle pour entrer dans une voiture, tant que ceux-ci n'ont pas fait leur première communion. Après cet âge, les enfants passent après les parents.

Vous devez considérer vos beaux-parents comme vos père, mère, frère et sœur; et ceux-ci à leur tour comme si vous étiez leur enfant, frère ou sœur.

Si votre belle-mère et votre mère se rencontrent en même temps chez vous, il ne doit y avoir aucune différence dans les égards que vous leur devez; et si quelqu'un doit supporter un mouvement d'humeur de votre part, c'est votre mère plutôt que votre belle-mère.

Ces règles sont les mêmes à l'égard de tous vos parents.

Les parents doivent avoir plus d'indulgence pour leurs gendres et belles-filles que pour leurs propres enfants.

Rien n'est aussi grossier que de parler des water-closets, ou à quelqu'un qui est aux water-closets.

Les enfants ont une tendance à cela ; vous ne sauriez trop les en corriger.

Il est mal élevé de réveiller, sans motif grave ou urgent, quelqu'un qui dort. Le sommeil doit toujours être respecté. Si ce sommeil est très gênant, au point de ne pouvoir être toléré, toussez, remuez un meuble, faites du bruit pour que le dormeur se réveille insensiblement, mais ne le réveillez jamais brusquement.

Du moment que nous sommes sur le sommeil, nous dirons qu'il est de la dernière inconvenance de dormir chez des étrangers, dans un lieu public, ou chez soi quand nous avons des invités. Si cet oubli vous arrive, ne manquez pas de vous en beaucoup excuser.

La Femme du Monde dans la Toilette.

Pour être une femme élégante, il n'est pas nécessaire d'avoir plus de quatre toilettes : l'une pour l'intérieur : *déshabillé ;* l'autre pour voyage, courses et mauvais temps : *toilette du matin ;* la troisième pour les visites, réceptions et promenades, *toilette de jour,* et la dernière pour le théâtre, concert, etc., et qu'on désigne par *toilette de dîner.*

Nous devons éviter avec soin des toilettes excentriques et de copier servilement la mode. Mais nous devons rechercher que nos toilettes, de la coiffure aux bottines, forment un tout harmonieux, assorti à notre âge et à notre teint.

Il est mauvais genre, pour une mère, de s'habiller commes ses filles.

Jusqu'à vingt et un ans, deux sœurs peuvent s'habiller de même, mais, passé cet âge, l'uniformité doit être rompue tout en conservant l'harmonie. A cet âge, c'est le mariage qui est là, et il serait injuste de ne pas tenir compte de la beauté personnelle à chacune de ses filles en les obligeant à porter des toilettes uniformes qui pourraient les enlaidir. Il faut donc que chaque âge et chaque beauté ait le genre de toilette qui lui sied le mieux.

Il est peu élégant d'achever de salir, le matin, les gants portés en soirée ou de porter des gants de couleur claire.

Les riches étoffes et les bijoux sont exclus de toute toilette de voyage, de campagne ou d'excursion.

Une femme du monde, lorsqu'elle reçoit, doit éviter d'avoir une toilette qui éclipserait celle de ses visiteuses.

Il est de mauvais goût de sortir avec une robe à traîne ; de même que d'aller en soirée court-vêtue.

Si vous êtes invitée à un mariage chez des gens du commun, n'oubliez pas que le plus grand plaisir et honneur que vous leur puissiez faire consiste à vous y voir dans votre plus belle toilette.

Les femmes mariées doivent laisser les couleurs rose-tendre ou bleu-ciel aux jeunes personnes, et choisir pour elles le jonquille, le mauve, le bleu foncé, etc.

Une femme, passé trente-cinq ans, ne porte plus de bijoux de fantaisie; le corail et les turquoises ne lui sont également plus permis; exception n'est faite que si les bijoux ont une sérieuse valeur artistique.

En dehors des brillants, perles blanches, et de l'or qui vont avec toutes les toilettes, il faut, pour les autres parures, qu'elles soient assorties à la nuance de votre toilette. Voici, comme exemple, la composition d'une toilette de la plus haute élégance : chapeau grenat ; boucles d'oreilles ornées de rubis ; robe (corsage et jupe) fond rouge. Dessous : pantalons, jupons et jupes, roses ; dentelles roses ou crème ; bas, soie grenat ou rose. Les souliers bronzés, noir-rougeâtre. — Les pierres composant également les bagues, bracelets, etc., doivent être des rubis. — L'ombrelle rose, l'éventail amazone-rouge. Cette toilette siéra merveilleusement à une femme brune.

Cet exemple servira pour nous guider dans toutes les toilettes que nous mettrons, et nous fera comprendre qu'à une toilette bleu-foncé, la parure doit être le saphir ; bleu pâle, la turquoise ; vert foncé, l'émeraude ; au noir, le jais ; votre toilette est-elle violette ou mauve, l'améthyste lui sera assortie ; etc., etc.

Une femme du monde ne sort jamais sans être gantée.

Elle doit également être gantée quand elle reçoit. Il n'y a que pour les réceptions de jour où elle peut être dégantée, et encore ! Les gants ne se retirent que dans un dîner en ville, quand on est assise à table, pour déplier sa serviette.

On les met dans sa poche, pour les remettre après le dîner, aussitôt rentrée au salon.

Comment on reçoit.

L'art de recevoir est très difficile, car le tact consiste à éviter que vos invités s'ennuient.

Dans la journée, il est admis que le mari soit absent ; mais pour la réception du soir ou pour un dîner, la présence des deux époux est indispensable. Aucun prétexte ne saurait être admis.

La maîtresse de maison, dans les réceptions, a sa place au coin de droite de la cheminée.

Les places d'honneur sont celles qui sont immédiatement à côté d'elle ou en face.

Le devoir des maîtres de maison est de se dépenser impartialement entre tous leurs invités (1).

Il leur est défendu de prendre du repos ou de lier des conversations intimes.

Ils doivent, toujours attentifs, veiller aux désirs d'un chacun.

Il faut savoir se multiplier, distraire, amuser, pour éviter que votre salon soit : *du monde où l'on s'ennuie.*

Il ne faut négliger personne, avoir de l'attention pour tout le monde tout en ayant soin d'éviter de tomber dans l'exagération et d'être importun.

Il faut aussi avoir le tact de faire les honneurs de son chez-soi selon le rang et le mérite de la personne que l'on reçoit, et cela sans façon ostensible, pour ne pas froisser la susceptibilité des autres personnes.

Il est évident que les égards doivent différer pour un jeune homme dont la vie n'est encore que promesses, de ceux que l'on doit à un vieillard qui a fait bénéficier le monde de son effort.

Les égards se témoignent en veillant plus attentivement aux besoins des personnes que l'on veut honorer, en les entourant de plus d'attentions, sans pour cela, nous le répétons, y apporter de l'ostentation ni négliger personne, car la seule science du recevoir consiste surtout à éviter tous les froissements.

(1) Pour les présentations, voir le chapitre : *La Femme du monde au bal. Les Présentations.*

Quand une personne entre, la maîtresse de maison se
lève et va au devant d'elle.

*
* *

C'est pour éviter les froissements que la conversation
doit rester générale un jour de réception. Nous ne de
vons pas montrer nos tendances, nos préférences, nos
goûts, qui, n'étant peut-être pas ceux de nos invités,
pourrait les froisser.

Il faut savoir cacher son ennui, prendre plaisir à
tout ce qui se dit, supporter les banalités, ne jamais
montrer de l'impatience, ni de l'humeur, ni du désap-
pointement.

Être constamment maître de soi en montrant toujours
à chacun de ses invités une figure heureuse : c'est de
la politesse, de la courtoisie ; c'est avoir les usages du
monde.

Nous devons toujours avoir l'intime conviction que nos
invités ne sont venus que pour nous faire plaisir. Même
si, dans le nombre, nous en connaissions ayant d'autres
sentiments, notre devoir est de leur laisser croire que
nous les ignorons.

*
* *

Un jour de réception nous nous devons à nos visiteurs ;
aussi ce serait commettre la plus grande impolitesse à
leur égard que de nous absenter ce jour-là.

Nous n'avons pas le droit d'être indisposé, d'avoir des
chagrins. Il n'y a qu'un décès ou une grave maladie qui
nous permettent de faire exception à cette règle.

Si ce malheur nous arrive le jour d'un dîner ou d'un
bal, nous devons épargner un dérangement à nos invités
en les faisant aussitôt prévenir.

Si c'est un jour de réception ordinaire, un domestique

placé à la porte en explique les motifs au fur et à mesure que les visiteurs se présentent.

La mère, dans le cas de subite indisposition, peut se faire suppléer par sa fille un jour de réception, mais celle-ci doit être assistée d'une personne âgée.

Dans ce cas, les visiteuses et visiteurs abrègent leur visite.

**

Lorsque les visiteurs la quittent, la maîtresse de maison se contente de se lever, d'adresser quelques mots de remerciements et d'adieu et de reconduire ses invités jusqu'à la porte du salon. Jamais au delà. C'est à son mari, dans les réception du soir, d'accompagner son invité jusqu'au bas de l'escalier s'il doit lui témoigner une grande déférence ! Tout ce cérémonial est une question de tact.

La maîtresse de maison n'offre son siège qu'à une personne qu'elle veut spécialement honorer. L'usage veut que ce siège soit toujours refusé.

La Conversation.

Une maîtresse de maison doit pour ainsi dire guider la conversation.

Elle seule connaissant les personnes qu'elle reçoit, elle doit veiller à ce que la conversation ne s'égare sur des sujets qui pourraient être pénibles pour quelques-uns de ses invités.

Quand le fait se produit, la maîtresse de maison interrompt la personne qui cause. Celle-ci doit saisir l'intention et changer de sujet.

Quand on cause avec une personne âgée, l'interrompre est toujours malhonnête.

Il est peu poli de résister à une interruption car c'est montrer qu'on manque d'usage autant que l'interrupteur; la supériorité que donne l'éducation consiste à céder à son interrocuteur.

Il faut éviter de parler de soi, et si on parle d'autrui ne jamais en parler en mal.

Quand on ne peut dire du bien d'une personne il est bienséant de n'en pas parler.

Il faut savoir faire tomber la conversation sur un sujet que vous savez devoir être sympathique à la personne avec qui vous causez.

L'art de savoir écouter est le principal. Si l'on questionne, il faut le faire très discrètement, et si vous racontez, faites-le de manière à en écarter l'ironie et la raillerie.

La plaisanterie ne doit jamais viser une personne. À moins que notre salon soit exclusivement politique ou religieux, on doit éviter de parler sur ces questions.

Les sujets de conversation ne manquent pas pour cela. Nous avons d'abord les événements de la semaine : le livre à succès, — la pièce de théâtre, — les ventes de charité, — la dernière partition de musique; ensuite les voyages, — les salons de peinture, — les chiffons, etc.

Nous devons orner notre esprit de quelques anecdotes, pas trop cependant, car l'excès serait de la pédanterie et de l'affectation.

Il serait inconvenant de louer un artiste devant un artiste; de parler beauté plastique devant un difforme, etc.

Je résumerai en un mot la conversation de salon : c'est l'art de causer avec tact.

Des Règles qu'il faut observer dans la conversation.

1° Ne jamais se moquer des difformités et des ridicules de son semblable.

2° Ne pas se lancer dans des discours, dissertations ou récits qui n'en finissent pas.

3° Ne pas crier en causant, ni chuchoter.

4° Ne pas chercher à briller plus que son interlocuteur.

5° Nous devons toujours faire semblant de croire à l'esprit du causeur.

6° Ne jamais donner un démenti pour une chose qui ne vous concerne pas ou qui est de maigre importance.

7° Ne pas apporter de l'entêtement dans une opinion ou dans des faits, que vous savez même positifs, contre l'opinion de votre interlocuteur. Que peut-il vous faire que l'on vous contredise ? et en lui cédant vous lui faites plaisir.

8° Une visiteuse dont vous ignorez la position sociale, doit toujours être appelée *madame.*

9° Si un étranger ou une étrangère se trouve dans un salon, l'usage veut qu'ils soient entourés des plus grands égards et de la plus bienveillante attention.

En parlant à une dame titrée, vous ne devez jamais l'appeler *madame la comtesse,* mais simplement *madame;* si c'est un homme, vous dites : *monsieur* et non *monsieur Un Tel.* On ne dit pas non plus : *J'ai rencontré madame B*** avec son époux, son mari,* mais : *j'ai rencontré madame et monsieur B***.* On ne dit pas également à quelqu'un : *Je vous ai vu avec votre demoiselle,* mais dites : *avec votre fille,* ou *mademoiselle votre fille.* Si vous n'êtes pas très intime avec les personnes auxquelles vous parlez, dites en parlant de leurs parents : *Monsieur votre père, madame votre mère,* etc.

Comment on visite.

On ne doit jamais rendre visite à des personnes ayant un jour de réception, un autre jour que celui-là.

Si vous avez le désir de vous lier avec une personne qui vous a visitée, vous mettez de l'empressement à lui rendre sa visite. Sinon, vous observez le même délai qu'elle a mis à vous rendre la vôtre.

Si la personne envers laquelle vous avez mis de l'empressement persiste à observer les mêmes délais que par le passé, cela signifie que vous devez les observer dans vos visites et que votre empressement est prématuré.

L'usage, dans les relations mondaines, veut qu'on ne fasse jamais deux visites pour une qu'on a reçue.

Il est évident que cet usage n'a pas de raison d'être dans les relations intimes.

Les visites se font ordinairement de trois à cinq heures et demie du soir à Paris. En province de deux à quatre heures.

Il faut éviter d'entrer bruyamment dans un salon et de se regarder dans les glaces. En entrant, vous devez présenter vos hommages à la maîtresse de maison, puis à son mari s'il est présent et enfin, par un salut circulaire, vous rendez vos devoirs à l'assemblée.

Vous allez ensuite vous asseoir sur le siège vacant, en prenant soin d'éviter tout dérangement.

Il est on ne peut plus inconvenant de se tenir debout, de s'adosser à la cheminée, le dos au feu.

En vous asseyant, vous devez adresser quelques mots aux personnes de droite et de gauche qui occupent les sièges rapprochés du vôtre.

Si une visite vient, les dames qui sont là s'inclinent, les hommes se lèvent.

Il faut éviter de parler à voix basse, mais avoir soin d'écouter et de ne se mêler à la conversation que quand vous vous êtes rendu compte de ce qui se dit.

Si la maîtresse de maison est seule, vous pouvez prolonger votre visite, sans cependant dépasser une demi-heure.

Si, en votre présence, une personne entre, ne partez point immédiatement, ce serait peu convenable pour elle.

En entrant dans l'antichambre, les dames peuvent laisser certains de leurs vêtements. Les ombrelles sont généralement conservées dans vos visites. Il vous est permis d'emmener avec vous une amie. Dans ce cas, vous devez la présenter à la maîtresse de maison, tout en vous excusant de votre liberté. Cette présentation n'exige pas une visite de la part de la tierce personne. On se salue seulement et on peut s'adresser la parole lorsqu'on se rencontre.

Quand on a le désir de se lier avec la personne présentée, on s'invite réciproquement. La première invitée fait la première visite.

S'il y a de la différence dans les positions sociales, c'est la personne d'un rang supérieur qui, la première, doit formuler l'invitation, en indiquant son jour de réception.

Une femme ne rend jamais visite à un homme seul, à moins qu'il ne soit son très proche parent.

Vous devez une visite à une personne qui vous a rendu un service ; en cas d'absence, vous déposez votre carte : c'est signe de gratitude.

L'étiquette ne permet pas de faire deux visites dans le même but, la carte que vous laissez en l'absence de la personne compte pour une visite.

On doit éviter, en visite, de sortir en même temps qu'un monsieur.

L'usage veut que dès que l'on a été prévenu d'un mariage, on y réponde par une visite aux deux familles, même dans le cas où l'on saurait que l'on ne sera pas reçu. On se contente alors de laisser une carte écornée.

Si l'on se trouve trop éloignée ou que les occupations empêchent de faire ces visites, on envoie sa carte.

Des visites du jour de l'an, officielles et autres.

Il est de règle, le jour de l'an, de visiter sa famille et les maisons avec lesquelles vous désirez garder des relations.

Les grands-parents se visitent la veille du jour de l'an. Le jour même, les père, mère, oncles et tantes, ainsi que vos chefs hiérarchiques si vous êtes employée.

Selon le degré d'intimité, vous prenez une semaine ou quinze jours pour faire le reste de vos visites.

Dans les visites de condoléances, il est de bon goût de se vêtir de noir ; pour une fête, un baptême ou un mariage, de vêtements clairs.

Dans les visites qu'une supérieure vous invite à lui faire il est de rigueur d'être très exact. Il est même préférable d'arriver avant l'heure de l'assignation, dix minutes au moins.

Dans l'audience que votre supérieure vous accorde, faites-lui perdre le moins de temps possible : elle vous saura gré de ce tact. A ces audiences, une femme s'asseoit toujours et elle ne s'y rend jamais seule, quand

c'est à un homme qu'elle rend visite. Si c'est à une dame
il faut attendre qu'elle vous offre un siège.

A Paris, les femmes ne sortent pas le jour de l'an et
reçoivent.

Comment on lance ses invitations.

Il est de règle d'inviter toutes les personnes avec lesquelles vous avez des relations suivies, lors même que
vous sauriez que cette invitation sera refusée, lorsque
vous donnez une fête, une soirée, un bal, une matinée.

Une invitation s'adresse toujours au chef de la famille
et doit être faite huit jours à l'avance. Elles sont faites
au nom du père et de la mère.

Les invitations doivent mentionner les enfants des invités quand ceux-ci sont en âge d'assister à la soirée.

Ces invitations peuvent être verbales, manuscrites ou
imprimées lorsqu'elles sont trop nombreuses; dans ce
cas, il faut les adresser à tous, même aux personnes invitées verbalement.

Ces invitations ne se portent pas soi-même. Il est meilleur genre de les faire porter que de les envoyer par la
poste ; *idem* de les envoyer cachetées que non cachetées.

Avant le bal, une femme du monde rendra les visites
qu'elle doit avant de lancer ses invitations.

Comment on écrit.

1° *Du papier.* — Le papier blanc, assez fort, peut être
considéré comme étant celui du meilleur goût.

On l'emploie très glacé ou très peu, de façon qu'on
distingue, en ce cas, les grains et filigranes du papier.

La feuille peut être ou non ébarbée.

3.

Le papier dit à la forme, est d'un grand luxe.

On se sert aussi quelquefois d'un papier légèrement teinté.

Les vignettes en camaïeu, c'est-à-dire couleur sur couleur, sont les plus belles. Quelquefois on peut se servir de vignettes bronzées, mais il ne faut jamais employer des couleurs criardes, telles que le rouge vif, le vert foncé, le bleu de Prusse, etc., etc.

Les enveloppes doivent toujours être assorties au papier.

2° *De la manière d'écrire.* — Si l'on s'écrit entre égaux sans qu'il existe des liens d'intimité, au bon tiers de la page, on met : *Monsieur*, ou *Madame*, ou *Mademoiselle*.

On laisse peu d'espace et l'on commence le corps de la lettre en laissant une toute petite marge.

On laisse environ un centimètre et demi au bas de la page.

Ces lettres se terminent par une simple formule : *sincèrement à vous; bien à vous*, etc., mise seule sur une seule ligne.

Au bas votre signature.

On ne doit jamais signer une lettre : *Femme Une Telle* ou *Veuve une Telle.*

On signe de son prénom suivi du nom de son mari.

Si l'on est veuve on met ses prénom et nom de famille : *Veuve* (le nom de son mari).

Lorsqu'on est un peu liée, on emploie les formules : *chère madame, chère mademoiselle,* etc.

Si, dans le corps d'une lettre, vous parlez d'une tierce personne à laquelle vous devez du respect, il faut mettre monsieur ou madame en toutes lettres, et non M. ou Mme, comme on en a trop souvent la mauvaise habitude de le faire.

Si vous écrivez à une personne haut placée ou que vous vouliez lui témoigner une grande déférence, vous devez commencer tous les pronoms qui tiennent la place de son nom par une lettre majuscule.

Exemple : *J'ai l'honneur de Vous présenter*, etc.

Les lettres doivent commencer un peu plus bas que le milieu de la page. Une grande marge sur le côté et le bas doit être réservée.

On ne doit jamais mettre au commencement d'une deuxième page les formules qui terminent une lettre, mais il faut qu'il y ait au moins deux lignes du corps de la lettre.

Le nom de la personne à laquelle on écrit se met au bas de la première page.

*

3° *Du style.* — Le style doit toujours être simple et clair. La lettre étant une conversation, il faut écrire comme vous causeriez à la personne avec laquelle vous correspondez.

C'est ce naturel qui fait le charme et le style des correspondances.

Une femme ne proteste jamais de *son respect* à un homme, mais elle donne l'*assurance de sa considération distinguée*, ou de *son estime*.

En écrivant à une personne d'un rang supérieur, on *la prie d'agréer*, etc.

Si vous écrivez à une personne titrée, vous commencez :

« Madame la Marquise de...

» J'ai l'honneur, Madame la Marquise, de venir Vous prier, etc. »

Et vous terminez par :

» Je Vous prie d'agréer, Madame la Marquise, l'expression de ma profonde reconnaissance. »

Ces formules peuvent s'employer envers toute personne occupant une haute situation sociale. On peut
remplacer reconnaissance, suivant le cas, par *obéissance*
ou *respect.*

La formule : *Votre servante* ne s'emploie plus.

Pour toutes les lettres d'invitation à un bal, soirée,
baptême, mariage, etc., vous n'avez pas à vous inquiéter
des formules. Peu ou prou elles se ressemblent toutes et
le premier imprimeur venu, à qui vous vous adresserez,
vous les indiquera.

Il n'est plus d'usage de répéter le mot monsieur ou
madame sur l'enveloppe.

Quand une lettre vous est adressée pour remettre à
une autre personne vous ne devez jamais l'ouvrir, mais
la faire de suite parvenir au destinataire.

Si vous remettez à quelqu'un une lettre de recomman-
dation il est d'usage qu'elle ne soit pas cachetée.

Une mère doit décacheter les lettres adressées à ses
enfants. A moins que ses enfants, si ce sont des garçons,
soient âgés de plus de vingt cinq ans.

Entre mari et femme les lettres peuvent être décache-
·tées s'il y a convention de réciprocité ; sinon les lettres
doivent arriver à chacun fermées. Dans ce cas, c'est une
affaire de convention.

Vous ne donnez jamais le titre d'excellence à un ministre français ; mais simplement monsieur (1).

_____

(1) Voir aussi au chapitre : *La correspondance d'une femme du
monde,* page 101.

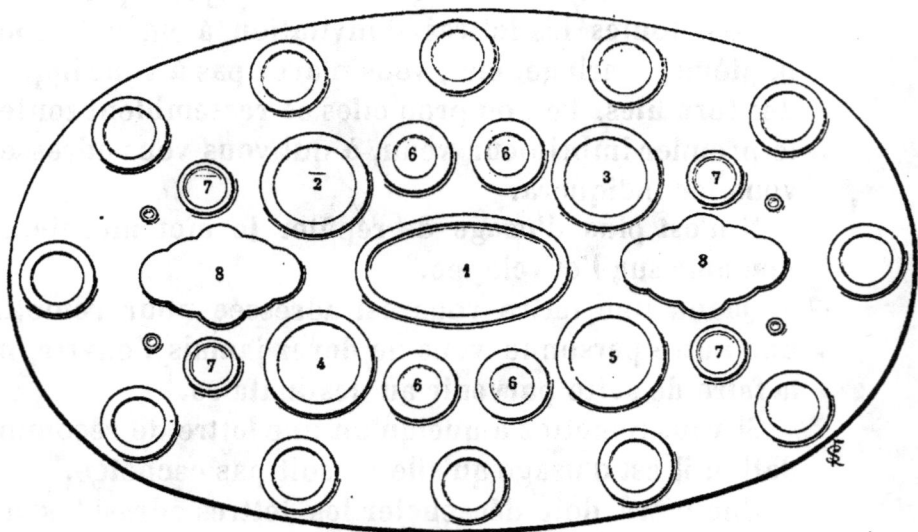

PLAN D'UNE TABLE DE 12 COUVERTS (SERVICE A LA FRANÇAISE)

1. Rôti et Relevé. — 2. Perdreau. — 3. Filet de Sole. — 4. Selle de Pré salé. — 5. Poulet.
6. Fruits glacés. — 7. Fruits. — 8. Corbeille de fleurs.
(Voir chapitre, page 54.)

Les Cartes de visite.

Il ne faut jamais envoyer sa carte de visite en retour d'une visite, à moins de vouloir cesser les relations.

Les cartes de visite s'envoient lorsqu'on n'a pas accepté une invitation à un bal, à une soirée, à un dîner.

Dans le cas contraire, ainsi que nous l'avons dit dans le chapitre des visites, une visite est obligatoire dans la huitaine.

On remet sa carte de visite à toutes les politesses que l'on reçoit : cadeau, lettre de faire part d'un mariage, d'une naissance, d'une mort.

Vous apprenez directement ou indirectement qu'un événement heureux ou malheureux est survenu dans une famille de vos relations, vous devez lui envoyer votre carte.

La carte, déposée sans corne ni pli, indique qu'elle a été portée sans intention de faire visite.

Dans une visite où vous trouvez la personne absente, vous laissez votre carte en pliant largement tout un côté de la carte — côté nom.

Dans une visite de condoléance, toujours en cas d'absence, vous faites le pli du côté opposé — côté envers.

Les cartes de visite déposées dans une famille ne sont remises qu'aux personnes de votre sexe.

Sur les cartes de visite, à l'occasion d'un mariage, on ajoute ces mots :

Avec mes félicitations, ou *compliments et souhaits de bonheur.*

Ces cartes sont adressées à la famille de la fiancée.

Les cartes de visite d'une femme ne sont jamais déposées chez un homme.

Les cartes envoyées ou portées le sont toujours sous enveloppe.

La carte de visite d'une dame, doit être un peu plus petite que celle d'un homme.

Elle ne doit porter que le nom, sans prénom ni adresse, précédé du mot *madame*. On peut y ajouter le prénom de son mari à cause des homonymes.

Quand on s'absente, on envoie sa carte sur laquelle on a écrit : P. P. C. (pour prendre congé).

Quand on revient, on envoi à nouveau des cartes mentionnant son jour de réception.

Quand on est en deuil, les cartes doivent être entourées d'une large bande noire.

Le carton employé pour les cartes doit être du beau bristol bien transparent.

L'impression doit se faire en taille-douce, quand on veut avoir des cartes d'une réelle élégance ; mais une belle lithographie peut suffire.

La Femme du Monde à Table.

L'usage veut que, dans un dîner de réception, les assiettes à soupe soient servies en paraissant sur la table.

Il faut que chaque couvert ait un espace de 55 à 65 centimètres pour être à l'aise.

À droite des assiettes se mettent la cuiller et le couteau ; à gauche, la fourchette et le porte-fourchette ; devant, deux, trois, ou quatre verres selon les vins.

Le repas doit être prêt un quart d'heure au plus tard après l'heure d'invitation.

Le repas prêt, le domestique annonce : *Madame est servie*, en ouvrant les deux battants de la porte de la salle à manger.

La maîtresse de maison fait un signe à celui qu'elle a choisi, ou lui dit : *Monsieur X***, voulez-vous bien m'offrir votre bras ?* Et elle pénètre la première dans la salle à manger.

Dans le cas où la maîtresse de maison a son mari, c'est celui-ci qui pénètre le premier, ayant au bras la dame la plus âgée de la société.

Il est plus convenable dans ce cas que le mari invite le monsieur qui doit donner le bras à sa femme par : *Monsieur X***, veuillez offrir votre bras à ma femme,* qui doit être dit à intelligible voix.

Si la maîtresse de maison a une fille, elle invite, en employant la même formule, le cavalier qui doit prendre le bras de sa fille.

Les dames offrent toujours le bras gauche aux hommes; au passage d'une porte, elles passent après afin d'éviter qu'on ne mette les pieds sur leur robe.

On ne doit pas donner le bras à des parents, hors le cas où il n'y a pas d'étrangers libres.

La dame s'incline devant le salut de son cavalier et on attend qu'on désigne les places, si les places ne sont pas inscrites sur des cartes posées sur les serviettes.

La maîtresse de maison doit indiquer les places et renseigner les convives. Elle doit présenter les voisins et voisines qui ne se connaissent pas.

.·.

1° *Du placement des convives.* — Les places d'honneur appartiennent aux personnes occupant des fonctions sociales élevées, aux personnes âgées, aux étrangers.

La première place d'honneur pour les dames est à la droite du maître de maison; pour les hommes, à la droite de la maîtresse de maison.

Le seconde place se trouve à leur gauche. Les autres places se basent en partant de ce point de départ.

Le haut bout de la table, c'est-à-dire le bout opposé à la porte d'entrée, était considéré comme la troisième place d'honneur ; actuellement, l'usage en a disparu.

*
**

2° *Du service.* (Voir gravure, p. 49.) — Après le potage on sert un verre de Madère, ou de Sauterne ou de Xérès.

Ensuite vient le relevé ; composé de viande de boucherie, de venaison, de volaille ou de poisson. S'il y en a plusieurs, on commence par le poisson.

En mangeant le poisson, on boit les vins blancs de Pouilly, Chablis, Meursault, Sauterne.

Après avoir mangé le poisson on enlève les couteaux et les fourchettes et on les remplace par d'autres ; car l'odeur et le goût du poisson s'allient difficilement aux autres mets.

Après le relevé, on sert les entrées ; composées de viandes froides si l'on veut ; ou de salmis, de volaille au jus, filet de sole mayonnaise.

Les vins qui se boivent pendant que l'on mange les relevés et les entrées sont les vins de Bordeaux, deuxième crû, Saint-Julien, Saint-Emilion et ceux du Rhin.

Après les entrées sont les rôtis : poularde du Mans, perdreaux à la broche, gigot, etc.

A partir des rôtis on peut commencer les vins de Bourgogne, tels que : Nuits, Pomard, Volnay, Clos-Vougeot, Chambertin ; les vins du Rhône : Saint-Peray, Ermitage ; ceux de Bordeaux : Château-Laffitte, Château-Margaux, Château-Latour, Mouton-Rothschild.

On continuera ces vins jusqu'à la fin des desserts.

Après les entrées vient la salade suivie des entremets.

Avec les entremets on boit le Xérès, si les entremets sont sucrés ; si les entremets sont des légumes on continue les grands crûs de Bordeaux et de Bourgogne.

Le dessert suit les entremets ; alors sont servis les vins blancs d'Alicante, de Tokaï, de Constance ; les muscats.

Les vins de Champagne peuvent être servis pendant toute la durée du dîner, depuis le commencement.

Si le repas est un déjeuner, à la place du potage on sert des hors-d'œuvre.

La maîtresse de maison est chargée tout particulièrement de surveiller le dressage des plats, l'arrangement de la table.

On doit commencer par servir ceux qui se trouvent à la droite des maîtres de maison, ensuite ceux qui sont à gauche. On reprend ensuite à droite pour continuer toute la table.

Si on a fait une place d'honneur du haut bout de la table, on doit servir la personne qui s'y trouve avant de continuer toute la table.

Si un plat a été manqué et que par erreur il soit présenté sur la table, il faut le faire enlever discrètement.

Si des convives ont été servis de ce plat, on leur retire leur assiette en s'excusant et on les priant de n'en pas manger.

La maîtresse de maison donne le signal de la fin du repas en se levant, et l'on passe au salon pour prendre le café.

Il est peut-être plus agréable de prendre son café à table, mais il est meilleur genre de le prendre dans le salon. — C'est une question de goût.

Nota. — Il est d'usage, pour un repas bien ordonné, de présenter après les écrevisses et les crevettes, ce qui se prend par les doigts, des bols d'eau tiède où les convives mouillent l'extrémité de leurs doigts.

3o *Des divers genres de service.* — Les services se font à la française, à la russe et à la demi-russe.

Service à la française. — Au milieu de la table on pose le relevé et le rôti ; les mets sur des réchauds sont sur la table, entiers, par catégories, qu'on enlève ensuite chacun à son tour pour les découper. De chaque côté du milieu de la table se trouve une corbeille de fleurs.

Service à la russe. (Voir gravure, page 61.) — Tout le milieu de la table est couvert de fleurs ; autour de ce parterre sont disposés tous les desserts.

Les plats n'arrivent successivement sur la table que découpés.

Service mixte (c'est-à-dire franco-russe). — Dans ce service, le relevé, le rôti, l'entremets sucré, sont placés sur la table avant d'être servis, sans être découpés, de manière à pouvoir savourer des yeux les belles pièces. On ne met pas de réchauds sur la table.

4o *Le Five o'clock* consiste en un léger goûter de gâteaux secs arrosés de thé, pour lequel on se sert du service dit à thé.

5o *Les lunchs* sont assis ou debout. La table est cou- verte de fleurs. Les plats montés émergent de touffes de fleurs. Le couvert est celui du dessert. Le menu d'un lunch comprend une crème, une gelée, des fromages blancs, des babas, des brioches, des tartes, des fruits, le tout entremêlé de fleurs.

Tous les gâteaux et entremets sucrés peuvent y figu- rer ; cependant exception est faite des omelettes.

Le thé, le chocolat, les vins d'Espagne, de Sicile et de Grèce sont également servis dans un lunch.

Aux lunchs de mariage, on y ajoute des jambons, des galantines, des salades russes, des mayonnaises de poisson, jusqu'à des bols de bouillon.

6° *Les buffets et soupers.* — Les buffets remplacent les soupers.

On établit un dressoir où l'on installe les victuailles pour que les danseurs fatigués viennent s'y restaurer.

Sur ce dressoir se trouvent des jambons d'York, un roastbeef froid, des galantines, des pâtés, des salades de poissons, des gâteaux de toutes sortes, du bouillon, thé, chocolat, punch, vin de champagne, glaces.

Une table est placée aux environs où se trouve tout ce qu'il faut pour manger les choses apprêtées : serviettes, verres, tasses, etc. Il faut que les domestiques puissent aller et venir rapidement du dressoir à la cuisine, où tout objet ayant servi doit se laver immédiatement, et pour pouvoir renouveler les victuailles.

Les soupers se composent de deux potages fins, d'un relevé de poisson, d'une galantine de dinde et d'autres grosses pièces, pâtés de volailles, croquenbouches au nougat, flans aux noisettes, noix de veau, écrevisses, gâteaux, etc. Vins fins.

7° *Comment les domestiques doivent être stylés pour le service.* — Pour un repas de douze convives, il faut au moins trois personnes de service dans la salle : une pour découper, la seconde pour offrir et changer les assiettes, la troisième pour faire le service de la salle à la cuisine.

Dans la cuisine, il est nécessaire également d'avoir trois personnes : une qui prépare les plats, les deux autres qui lavent et essuient la vaisselle, si vous êtes à court de couverts et d'assiettes.

Dans un service, on ne doit pas entendre le bruit des assiettes ni le choc des bouteilles.

Dès que le domestique a crié : *Madame est servie,* il se retire et se place gravement dans un coin de la salle, la serviette sur le bras.

Il doit se tenir constamment derrière sa maîtresse, les yeux fixés sur son maître, pour deviner ce qu'il désire sans avoir à être commandé.

Quand un convive a fini son potage, on lui enlève son assiette que l'on passe sur une table préparée à cet usage. Pour éviter le cliquetis des assiettes, on les passe séparément, une par une.

Les domestiques ne doivent jamais rire, même des choses plaisantes qu'ils peuvent voir ou entendre. Il faut qu'ils gardent un visage impassible.

Si le maître appelle son domestique, celui-ci doit se rendre à son appel sans mot dire.

Après le potage, le domestique, toujours la serviette sur le bras, passe derrière chaque convive, une bouteille à la main, et murmurant à son oreille, laconiquement : *Madère,* si c'est du madère que l'on offre.

On doit le verser doucement, jusqu'à ce que le convive réponde « *assez* » ou « *merci* ». Il faut agir ainsi pour tous les grands vins qui seront offerts.

Après chaque plat on enlève l'assiette, le couteau et la fourchette si on est bien monté en couverts. Dans le cas contraire on ne le fait que pour le poisson, ainsi qu'il a été dit.

Il faut surtout qu'un domestique montre une attention spéciale à ce que rien ne manque aux dames.

On sert de la main droite, on enlève de la main gauche.

Un convive ne doit pas rester un instant sans assiette devant lui.

8° *De quelques règles à observer à table.* — A table, une maîtresse de maison ne doit jamais gronder bruyamment un domestique. Un regard suffit.

Si vous êtes convive, ne vous permettez jamais une conversation avec lui ; mais vous devez être polie.

On s'honore d'autant plus que l'on a des égards pour les humbles.

Ne dites jamais : du *bouilli,* mais dites : une *tranche de bœuf.*

Ne dites jamais : de la *viande,* mais dites : *un peu de gigot,* si c'est du gigot que l'on offre.

Ne dites pas: *de la volaille,* mais : *du poulet, du canard,* etc.

En un mot, ne pas donner aux mets un sens général, mais spécial.

Ne demandez également jamais d'un vin quelconque par sa qualité sans le substantif. Exemple : ne dites jamais du *bourgogne,* mais dites : *du vin de Bourgogne.*

Ne jamais revenir deux fois aux mêmes plats, c'est montrer que l'on est bien élevée. Cependant, dans certains milieux, les maîtresses de maison sont heureuses de voir que l'on fait fête à leurs mets. Ces nuances à observer sont une question de tact.

Des diverses manières de plier les serviettes.
(Voir gravure, page 67.)

La condition essentielle pour plier les serviettes consiste en ce qu'elles soient apprêtées à neuf, c'est-à-dire fortement cylindrées, afin que les plis ne s'affaissent pas sous le poids du tissu.

ÉVENTAIL A POINTE (fig. 1). — Vous dépliez entièrement

votre serviette, vous prenez les deux coins du haut que
vous ramenez en pointe vers le milieu de la serviette.

Vous retournez la serviette et faites trois plis égaux,
se rabattant vers la pointe, dans l'autre moitié de la serviette. Vous plissez fortement toute la serviette ainsi disposée, dans le sens de la longueur. Ce plissage se fait en
accordéon, c'est-à-dire à plis rentrants et sortants, comme
ceux d'un éventail, de cinq à six centimètres de large.

Vous réunissez le bas de la serviette que vous mettez
dans un verre et vous avez *la figure n° 1* de notre gravure.

Pour obtenir les dents, vous rabattez un peu en arrière le pli du haut, qui se trouve à la base de la pointe.

LA COCOTTE (fig. 2) — Vous faites d'abord un carré par-
fait avec votre serviette dépliée. Vous pliez ce carré en
deux dans les deux sens, ce qui vous donne deux lignes se
découpant à l'intérieur à angles droits. Vous dépliez
votre carré et en rabattez les quatre coins sur le centre.
La serviette ainsi pliée est retournée ; vous refaites les
mêmes pliures que précédemment en rabattant encore
les quatre coins du nouveau carré que vous avez sur le
centre. Vous retournez de nouveau votre serviette et
vous réduisez encore ce carré en recommençant une
troisième fois le pliage des coins vers le centre. Ceci
fait, vous dépliez votre serviette jusqu'au premier carré,
qui a les coins rabattus en dessous. Vous maintenez un coin
plié, ce qui vous donnera la tête de la cocotte. Vous prenez
les angles de droite et de gauche, vous les serrez, les rapprochez de dos l'un contre l'autre et les rabattez en bas, ce
qui formera les jambes ; la queue est formée par la position que prend naturellement l'autre angle, qui est tourné
en sens inverse de celui de la tête. Vous placez dans
une assiette et vous obtenez ainsi la *figure 2.*

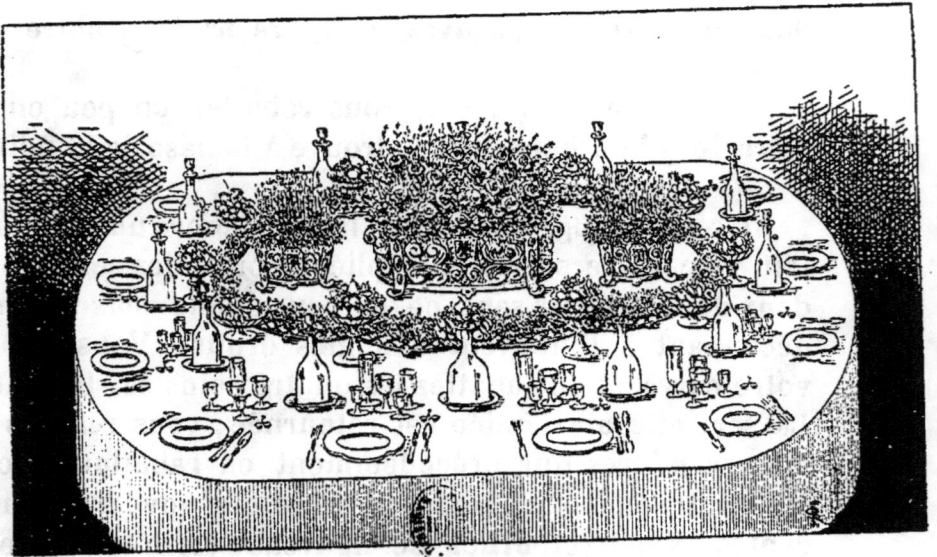

VUE D'UNE TABLE DE 12 COUVERTS (SERVICE A LA RUSSE)
(Voir chapitre, page 56.)

Le pliage des serviettes pour obtenir une cocotte offre l'avantage de pouvoir donner naissance à plusieurs jolies figures.

Vous obtenez l'étoile quadrangulaire, la table, la mitre, le fer de lance, la salière, le porte-montre, etc. *Ces figures se présentent naturellement, sans les chercher, par les pliages que nous venons d'indiquer. Il suffit pour cela de relever les coins ou de les creuser ou de les réunir. C'est ce que vous apprendrez très facilement sans qu'il soit besoin d'aucune explication.*

ÉVENTAIL A POIGNARD (fig. 3). — Votre serviette dépliée vous en rabattez un tiers sur l'autre. Le tiers qui reste est fait en poignard en rabattant les angles. Vous retournez votre serviette et faites un large pli se rabattant sur le poignard. Vous ramenez votre serviette face et vous faites un second pli de manière à cacher le manche du poignard. Vous plissez ensuite fortement votre serviette ainsi disposée, dans le sens de la longueur, en accordéon, comme il a été indiqué *figure 1*. Vous réunissez l'extrémité que vous mettez dans un verre.

Vous avez ainsi la *figure 3*.

Les dents se font comme il a été indiqué *figure 1*.

EN PALME, (fig. 4). — La serviette dépliée, vous rabattez les angles vers le milieu. Vous plissez ensuite la serviette en deux endroits en faisant deux larges rentrants. Vous la mettez ensuite dans le sens de la longueur que vous plissez en accordéon. L'extrémité est mise dans un verre.

EN ÉVENTAIL DENTICULÉ (fig. 5). — Vous dépliez une serviette que vous repliez sur la longueur en trois plis égaux de chacun huit centimètres. Vous prenez ensuite l'extrémité de la serviette que vous pliez en accordéon dans le sens de la largeur. Vous rabattez les grands plis pour former les trois rangs de la figure.

Comme il a été déjà dit, les dents se forment en rabattant en arrière le rang du haut.

En double cornet (fig. 6). — Vous dépliez votre serviette dans le sens de sa longueur ; vous prenez les deux coins entre le pouce et l'index et les roulez, chacun séparément; vous rejoignez le bas et placez dans un verre.

En papillon, (figure 7). Votre serviette dépliée dans sa plus grande largeur vous en ramenez deux bouts vers le centre pour former la tête du papillon. Vous prenez ces deux bouts et les repliez en dehors, ce qui vous donnera les ailes antérieures.

Vous faites un rentrant avec l'autre partie de la serviette sur la tête, et vous aurez les ailes postérieures. Pliez en accordéon, réunissez par le bas et mettez dans un verre.

Éventail a pointe de face, sans dent (fig. 8). Cette manière de plier la serviette est la même que la *figure 1*, avec cette différence que vous ne retournez pas la serviette, pour que la pointe soit de face. Vous ne rabattez pas non plus le pli du haut, cet éventail étant sans dent.

La Femme du Monde au Bal.
Les Présentations.

Une femme ne doit jamais être dégantée en soirée ou au bal. Ainsi que nous l'avons dit, exception n'est faite que si elle se met au piano. La maîtresse de maison doit veiller à ce que tous ses invités s'amusent; pour cela, elle envoie des danseurs à celles qui n'ont pu s'en procurer. Ce service ne peut se demander qu'à des amis que l'on connaît bien et en les en priant.

Pour éviter tout froissement d'amour-propre, il faut que la personne vers laquelle on adresse le cavalier ne s'en aperçoive pas.

Il est très mal séant, derrière l'éventail, de rire et chuchoter avec son cavalier.

Il n'est pas reçu de danser trop souvent avec le même danseur.

En dehors du mouchoir et de l'éventail, on ne porte, au bal, ni ridicule, ni bourse de jeu, ni flacon.

On peut, on doit même refuser un cavalier qui pousse le manque de tact jusqu'à vous demander une danse sans vous avoir été présenté ou sans qu'il ait présenté sa carte à vos parents, à moins qu'il ne soit revêtu d'un uniforme. Dans ce cas, l'uniforme classant socialement le cavalier, vous savez déjà à qui vous avez affaire.

Dans les présentations, l'on présente toujours la personne la plus jeune à la plus âgée, celle d'un rang inférieur à celle d'un rang supérieur, un homme à une femme, à moins que l'homme ne soit un très haut personnage ou ayant un caractère religieux.

Lorsque dans les personnes que l'on présente se trouve un parent ou une parente, c'est celui-ci ou celle-ci que l'on présente.

On ne présente pas les personnes qu'on saurait ne pas se convenir.

Une personne présentée a le droit de parler à l'autre partout où elle la rencontre : c'est pour cela qu'il faut agir avec beaucoup de discernement et de tact dans les présentations.

4.

La Femme du Monde dans un Édifice religieux au sujet de Naissance, Relevailles, Baptême, Première Communion.

Dans tout édifice élevé à Dieu, et quelle que soit la religion à laquelle on appartienne, le premier devoir consiste à avoir un maintien modeste et décent, un visage grave et recueilli, et l'on doit se conformer à toutes les règles extérieures du culte qui s'y pratique.

Si une personne attachée à cet édifice vous sert de cicerone pour vous en faire remarquer les particularités, vous lui devez quelque menue monnaie.

L'usage ne permet pas de se donner le bras dans un édifice religieux, ni d'en sortir pendant une cérémonie.

Nous devons penser, quand nous sommes dans un édifice religieux qui n'appartient pas à notre religion, que nous sommes devant des frères qui s'adressent au Père dans une langue différente de la nôtre.

Si les hasards de la vie avaient conduit dès le bas âge un de nos frères à l'étranger, nous ne nous moquerions pas de lui s'il adressait à notre Père des paroles d'amour dans cette langue. Il en est ainsi dans les religions.

Les Naissances.

Une femme qui porte en elle le rayonnement d'une seconde vie cesse d'aller dans le monde. Elle n'a pas à dissimuler cette position qui l'ennoblit, mais les fatigues que le monde impose pourraient avoir des suites graves pour l'enfant.

Une femme enceinte est un tabernacle qu'on doit entourer d'égards, de respect et de vénération.

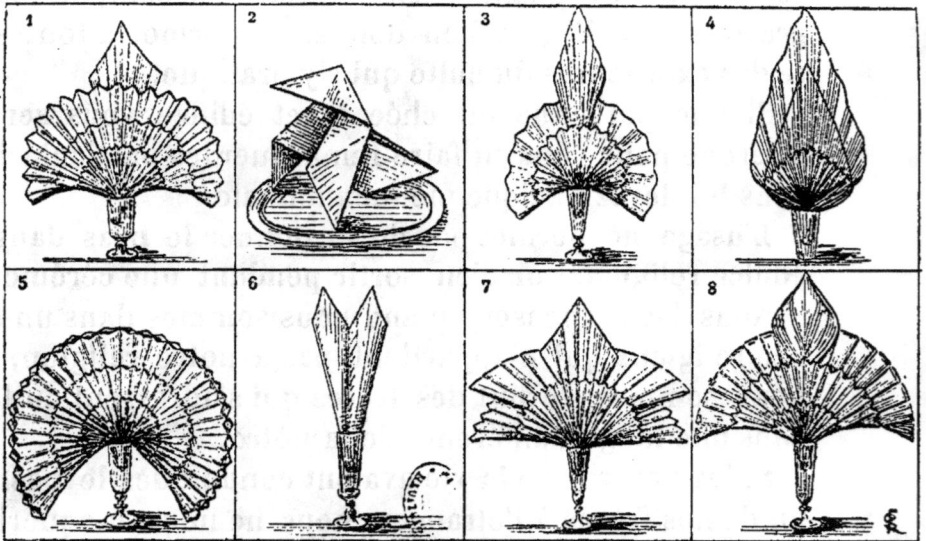

DES DIVERSES MANIÈRES DE PLIER LES SERVIETTES
(Voir chapitre, page 59.)

La nature a voulu qu'en cette position elle eût une démarche grave, annonciatrice d'un grand événement.

Dans les trois jours de la naissance, on envoie des lettres de faire part à toutes les personnes que l'on connaît. C'est le père qui fait part.

Dans la huitaine qui suit la réception de cette lettre, on remet sa carte et l'on fait prendre des nouvelles de l'accouchée.

Dans le courant du mois, on doit faire visite à la jeune mère. Celle-ci a le berceau de son enfant auprès d'elle. Les visites ne doivent pas être longues et les conversations doivent être gaies. On doit toujours trouver l'enfant superbe. Ne pas craindre l'exagération, la mère en est toujours heureuse.

Les layettes variant selon les moyens, nous ne parlerons pas ici de leur composition.

Une mère doit toujours nourrir son enfant lorsqu'elle le peut.

Il n'y a rien d'aussi pernicieux et d'aussi contraire à la santé que de se faire passer le lait. Si Dieu a donné l'enfant à la femme, c'est pour que celle-ci le nourrisse, sauf empêchement de la dernière gravité. Et puis, le lait qu'une mère donne à son enfant est une seconde maternité qui exerce la plus grande influence sur l'avenir. L'enfant, devenu homme, se rappellera toujours les sacrifices de la mère; la mère aura toujours sous les yeux les mignardes caresses de l'enfant au sein.

Relevailles.

La première démarche d'une jeune mère lors de ses relevailles est d'aller remercier Dieu dans le temple de sa religion.

Le Baptême.

Les usages veulent que la grand'mère maternelle soit marraine du premier enfant, et le grand père paternel parrain.

C'est le contraire pour un second enfant.

On ne doit offrir à un étranger le parrainage ou le marrainage qu'après avoir sondé ses dispositions.

Il est d'usage de laisser la marraine choisir le parrain, tout en lui désignant celui que l'on préfère, qu'elle est libre de refuser. On les présente l'un à l'autre avant le jour du baptême.

La qualité de marraine impose une surveillance, une protection sur la vie du nouveau-né, et pour la cérémonie des dépenses à faire :

A la mère de l'enfant on donne un bijou ou un objet utile.

Au filleul, la polisse ou le bonnet de baptême.

Le jour du baptême, on donne un repas, à moins que la mère ne soit trop faible. Dans ce cas, la fête a lieu après son rétablissement. On se contente dans ce cas d'une simple collation le jour du baptême. La marraine fait part à ses amies des boîtes de dragées reçues, et les parents en font autant de leur côté de celles qu'ils ont achetées.

La personne religieuse qui a baptisé l'enfant reçoit une boîte de dragées contenant une offrande en espèces.

La marraine et le parrain sont considérés comme de la famille.

Dans la cérémonie religieuse, la marraine se place à gauche de l'enfant et lui choisit un nom. Le parrain et la jeune mère en font autant de leur côté.

La Première Communion.

L'usage veut qu'on fasse un cadeau à la personne qui a dirigé l'instruction religieuse de votre enfant.

S'il est important, on l'envoie; dans le cas contraire, l'enfant le porte lui-même.

Pour les visites que l'enfant doit faire, consulter le *Guide de la Jeune Fille du Monde* et de l'*Homme du Monde.*

La Femme du Monde dans les circonstances de deuil, de funérailles et de condoléances.

Le deuil d'une femme pour son mari est de deux ans : un an de grand deuil, six mois de deuil ordinaire et six mois de demi-deuil.

La toilette se composera de vêtements de laine sans volants ni jais; manchettes et cols en crêpe anglais; les gants d'étoffe noirs, voile noir très long.

Le deuil ordinaire se porte en soie grenadine, crêpe lisse pour manchettes et cols; on peut mettre du jais comme ornement. Voile moins long.

Le demi-deuil : on ajoute à sa toilette les dentelles et les plumes. La lingerie blanche doit être brodée de noir. Demi-voile noir.

Le deuil de mère et de père est d'un an : six mois de grand deuil; six mois, deuil ordinaire; trois mois, demi-deuil. Voile de crêpe moins long que celui de veuve.

Le deuil d'un aïeul se porte six mois : trois mois de grand deuil; trois mois de demi-deuil.

Celui d'un oncle et d'une tante se porte trois mois, sans laine ni crêpe.

Celui de sœur et de frère, quatre mois : deux mois en grand deuil ; deux mois en demi-deuil.

Pour un cousin, le deuil est de six semaines : toilette de demi-deuil.

Le deuil se quitte le jour du mariage pour être repris le lendemain.

Si c'est un remariage, on ne porte plus le deuil des décès dans la famille du premier époux.

Le deuil, d'une personne dont on hérite, est semblable à celui de l'aïeul.

Le deuil d'un parent, dont la famille vous fait figurer dans la lettre de décès, doit se porter.

Pendant le grand deuil, on n'assiste à aucune cérémonie, on ne fait aucune visite, on ne reçoit pas, si ce n'est sa famille.

Les mouchoirs sont encadrés de noir ; de même les lettres (papier et enveloppes) et les cartes de visite ; la cire à cacheter doit également être noire.

Les femmes, à Paris, n'assistent qu'à la cérémonie religieuse, en noir.

Une jeune veuve, sans enfant, réside dans la famille de son mari la durée de son deuil.

Il est d'usage d'envoyer à la famille du mort, dans la huitaine, une carte cornée à l'envers.

Les repas de funérailles n'ont lieu que dans les pays où les déplacements sont difficiles et les demeures éloignées.

L'usage ne permet pas, si on possède les moyens de faire autrement, de travailler soi-même à sa toilette de deuil.

Dans les six semaines qui suivent les funérailles, vous devez envoyer des cartes à toute personne qui en a déposé chez vous ou qui vous a écrit.

Les enfants ne portent le deuil qu'à partir de douze ans.

La Femme du Monde dans l'art de faire des présents et d'en recevoir.

En principe, il faut toujours craindre de ne pas assez donner; et, si l'on reçoit, on doit se montrer très satisfait de ce que l'on vous offre.

Dans les présents, il ne faut pas y regarder de trop près. Si l'on doit être pingre, il est préférable de s'abstenir d'en faire.

Ou vous pouvez donner ou vous ne le pouvez pas. — Si vous ne le pouvez pas, envoyez des fleurs; elles seront toujours les bienvenues et indiqueront par là vos bonnes intentions; si vous pouvez donner, faites-le généreusement.

Il y a des cadeaux blessants et d'autres malencontreux; c'est pour cela qu'il faut beaucoup de tact dans l'art de donner.

Si vous donnez un bibelot d'étagère, il est indispensable qu'il soit très artistique; si c'est une jardinière, qu'elle soit remplie de fleurs; si ce sont des porte-bouquets, qu'ils soient garnis, etc., etc., de manière que le présent soit complet et qu'on ne soit pas obligé d'acheter quelque chose pour l'utiliser.

Il ne faut pas donner aux enfants des jouets bruyants ou salissants.

Les ouvrages illustrés sont encore ce qu'il y a de mieux et de mieux reçu, quand les enfants sont assez grands pour pouvoir lire et comprendre.

Il faut toujours ignorer le prix du cadeau que vous donnez. Ce serait de la dernière inconvenance que d'en parler.

Si vous avez du talent, quelque chose sortant de vos

mains sera toujours le bienvenu chez les personnes d'une haute position sociale et ayant de la fortune.

Quand vous recevrez un cadeau, il est de la dernière inconvenance de n'en pas témoigner tout son contentement et sa reconnaissance.

Dans tout cadeau, il y a une bonne intention : c'est l'intention qu'il faut regarder, et non la valeur de l'objet.

Il est malséant, si vous recevez un cadeau qui fasse pendant avec un objet que vous avez chez vous, de le placer à côté pour juger de l'effet.

Il est également de très mauvais ton de supputer le prix de l'objet offert.

Il faut que la personne qui sort de chez vous emporte l'intime conviction de la satisfaction que son cadeau vous a faite.

Les Photographies.

Les photographies ne s'offrent qu'aux très proches parents et amis très intimes, et eux seuls ont le droit de les accrocher à la cheminée. En principe, on ne donne sa photographie que lorsqu'on vous la demande. Il est malséant d'insister si ce n'est envers une personne âgée. Demander votre photographie est une marque d'intérêt, on doit s'empresser d'y répondre. Le format d'une photographie doit pouvoir se placer dans un album.

La Femme du Monde en voyage.

1o *En wagon.* — Généralement, sauf le cas de maladie, une jeune femme ne monte jamais en wagon avec sa femme de chambre. Par contre, une mère ne voyage avec ses enfants qu'en compagnie de leur bonne.

Il n'est pas convenable de prendre ses repas ou de faire sa toilette dans le wagon, lorsque d'autres personnes l'occupent avec vous. Vous devez attendre que ces personnes soient descendues et, aussitôt qu'elles remontent, toute trace du repas doit disparaître. Si vous êtes placée dans un coin, vous devez l'offrir à une dame plus âgée que vous.

Il est permis de causer en voyage, mais à condition de prendre bien garde à ses paroles. En principe, si vous voulez être respectée, conservez toujours une certaine tenue.

Ce serait un manque de tact, quand on voyage en famille, d'offrir à un étranger sa place au milieu des siens.

L'art de voyager consiste à prendre le plus d'aise possible sans incommoder les voisins. Pour cela tout est permis, après y avoir été autorisée par une demande préalable. Si cette autorisation vous est refusée, le cas est rare, on doit faire contre fortune bon cœur. Si vous traversez la frontière, allez au-devant de l'ouverture de vos malles ; le préposé à la douane simplifiera son contrôle.

2° *De la toilette.* — La toilette la mieux commode pour voyager, est celle qui se fripe le moins. Les lainages de couleur sombre sont les mieux appropriés. Les chapeaux les plus simples sont également ceux qui gênent le moins. Les toques doivent être préférées aux autres coiffures.

3° *A l'hôtel.* — Vous devez, en pénétrant dans votre chambre, vous assurer que toutes les portes y communiquant sont bien condamnées, et que la serrure de la porte d'entrée ferme bien.

Vos malles doivent contenir tout ce qui vous appartient, sans rien laisser traîner dans la chambre.

La clef de celles-ci doit être enlevée quand vous vous absentez.

A table d'hôte, vous devez répondre poliment aux prévenances de votre voisin, sans pour cela soutenir une conversation. Il n'est pas de bon ton de crier après les garçons et de se montrer trop exigeante.

Votre toilette pour la table d'hôte ne doit être ni en robe de chambre, ni en négligé, mais une toilette de ville.

Si vous êtes au salon de lecture et qu'une personne vous demande le journal que vous lisez, n'oubliez pas de le lui remettre aussitôt que vous l'avez lu.

4° A la campagne. — En arrivant à la campagne, le devoir tout d'abord qui vous incombe consiste à faire les premières visites, en commençant par les autorités civiles et religieuses pour finir aux voisins que vous désirez fréquenter.

Les cartes ne sont pas admises, si ce n'est en partant.

Les personnes qui ne rendent pas vos visites témoignent par là de leur peu de désir d'accepter vos relations ; mais, si elles ont de l'usage, elles devront envoyer leur carte.

Vous ne visitez jamais deux fois, une personne qui ne vous a pas rendu votre visite sans s'en être fait excuser.

L'usage veut, à la campagne, de faire servir des rafraîchissements, des fruits, etc., aux personnes qui vous visitent, sans les consulter. Pour cela, un domestique bien stylé doit apporter tout ce qu'il faut sans avoir besoin d'être commandé devant les invités.

Le devoir des amphitryons vis-à-vis de leurs hôtes consiste à leur laisser toute liberté.

Vous ne devez leur imposer aucune obligation, à moins qu'ils ne vous en expriment le désir.

Ne les forcez pas à la visite de votre propriété ni des sites pittoresques des environs ; ne les entraînez ni à la chasse, ni à la pêche, mais indiquez-leur tout cela afin qu'ils puissent se délasser dans ces diverses distractions, si tel est leur bon plaisir.

Après les avoir conduits à leurs chambres, prévenez-les des heures de repas et mettez-les au courant des habitudes de la maison.

La table doit être abondante et composée de mets simples.

Les hôtes doivent tout admirer : la demeure de leurs amphitryons, la propriété, les sites, etc., etc. Ils doivent être réservés dans leurs demandes, ne pas abuser de votre complaisance, ne pas demander telle ou telle chose, mais attendre qu'on les leur offre.

Les invités, en partant, doivent donner une gratification aux domestiques.

Si vous montez en voiture, souvenez-vous que la place d'honneur est au fond, à droite : c'est celle-là que vous devez donner à vos invités. Les places qui vont à reculons sont pour les amphitryons.

La toilette doit être soignée quand on va se mettre à table.

Quand vous quittez la campagne, il est d'usage d'envoyer des cartes P. P. C., à tous ceux avec lesquels vous étiez en relations, afin de leur éviter la peine de se déranger inutilement.

5° *Aux bains de mer.* — La société aux bains de mer étant généralement fort mêlée, les femmes doivent s'y montrer fort sévères sur les lois de l'étiquette. L'usage du monde, dans ce cas, est un sauf-conduit, et l'on ne saurait trop l'exiger des personnes avec lesquelles nous sommes en relations.

Si cette correction s'impose soit sur la plage, soit à table d'hôte, à plus forte raison au casino.

Il faut tenir fermement à distance tout ce qui ne vous paraîtra pas absolument correct. Vous ne devez admettre à l'honneur de causer avec vous que les hommes d'une position reconnue officielle, qui vous auront été sérieusement et non simplement présentés.

Sur la plage, il y a la toilette du matin et celle de l'après-midi. La première doit être simple sans être négligée.

A la table, vous devez éviter de sourire à une aventure légère qu'un voisin peut raconter, mais, au premier mot, vous devez paraître surprise de ce manque de tact. Si malgré cela il continue et qu'aucun galant homme ne lui impose silence, levez-vous de table et mettez-vous à une autre place, si les circonstances vous empêchent de demander à l'hôtelier votre note.

* *

L'usage veut, à la campagne, de saluer les personnes que l'on rencontre sur la route.

La Femme du Monde dans son ameublement.

(Voir gravure, page 85.)

1° *La chambre à coucher.* — Il y a des meubles indiscrets ; d'autres, au contraire, qui peuvent être montrés à tous venants.

Les meubles indiscrets sont ceux qui révèlent un coin de vie trop intime. Ceux-là doivent être soigneusement tenus cachés. Tels sont les baignoires, les bidets, le lavabos, les tables de nuit, etc.

Il est mal séant de faire visiter sa chambre à coucher à un homme, s'il n'est votre père, grand-père ou mari.

Dans la chambre à coucher se placent les photographies et souvenirs qui vous tiennent au cœur.

Le lit, qui doit toujours être voilé, l'armoire, la table de nuit, un fauteuil, la chaise longue et deux chaises ordinaires suffisent à l'ameublement.

2° *Le salon.* — Un salon doit avoir de l'harmonie; c'est là le point principal. Il n'est pas nécessaire pour cela qu'il soit encombré de meubles, de bibelots; au contraire, la sobriété est de première nécessité.

Il faut que les meubles et les garnitures de cheminée soient de même style. Les bibelots, quelques-uns, doivent être très artistiques.

Les tapis ne doivent pas avoir de couleurs trop crues, mais doivent s'harmoniser avec les tentures.

Les tableaux ne doivent être placés ni trop haut ni trop bas, mais à 1 m. 60 ou 1 m. 70 du sol, et doivent se faire pendant autant que possible.

Entre deux fenêtres ou deux portes, où le mur est étroit, l'on met des tableaux dont les sujets sont peints en hauteur.

Un tableau, unique dans ses dimensions, est placé entre deux tableaux de dimensions moindres qui se font pendant.

Si vous avez une table, il faut éviter qu'elle gêne pour la sortie et l'entrée de vos visiteuses. On évite pour cela de la mettre au milieu de la pièce. Vous pouvez garnir cette table d'albums de voyage, de curiosités qui servent à la distraction de vos invités.

3° *La salle à manger*. — La salle à manger ne doit contenir que des sièges en bois ou en cuir. La table, le buffet, les chaises et le cartel doivent être du même style.

Les assiettes, accrochées au mur, doivent être rares et anciennes.

Les tableaux doivent être des sujets de chasse, de pêche, de fruits, de natures mortes.

4° *Le petit salon*. — Le petit salon que nous avons laissé pour la fin, car, surtout à Paris, beaucoup de familles n'en ont pas, est plus coquet que le grand. Il peut y exister plus de fantaisie que dans l'autre, car il est plus intime. La table et la corbeille à ouvrage se placent là, ainsi que le chevalet, si vous vous occupez de peinture, et le secrétaire pour vos correspondances. Il n'est pas nécessaire que les meubles soient de même style, ainsi que dans le salon officiel.

De l'esprit et du bon ton de la Femme du Monde.

La femme, généralement douée d'une grande facilité d'assimilation, même la plus ignorante, acquiert rapidement assez de connaissances superficielles pour n'être déplacée nulle part.

Il faut surtout éviter la préciosité, le pédantisme, la recherche.

Les bonnes manières, quoique plus difficiles à acquérir si on ne les a apprises dès le bas âge, le peuvent cependant si l'on observe ce qui se pratique dans les salons où l'on va.

La démarche doit être élégante et mesurée, sans laisser-aller ni raideur.

Dans la marche on porte la tête un peu levée, le regard droit devant soi.

Les mouvements doivent être naturels, sans afféterie, et pour cela ne chercher à poser ni pour la tournure, ni pour le pied.

La vraie beauté est celle qui s'ignore.

En parlant, la diction doit être pure, sans exagération.

Ne parlez ni trop lentement, ni trop vite, et soyez, en parlant, sobre de gestes.

Ne donnez pas la main en « coup de pompe », comme l'a fort spirituellement dit Alphonse Daudet, mais simplement, à la française, en avançant naturellement la main sans la presser.

Nous devons dire que cet usage est depuis peu adopté dans nos mœurs ; qu'avant, il n'était exclusivement destiné que pour marquer une prédilection.

Mais pour marquer une grande sympathie, une impatience de se revoir, il faut tendre les deux mains.

C'est l'homme qui le premier sollicite, en tendant la main, celle de la femme.

Si la femme est très âgée, c'est elle qui doit tendre la main la première, parce que l'usage veut qu'une jeune personne ne tende jamais la main à une dame d'un certain âge.

Le salut, si l'on s'adresse à un homme, doit être une légère inclination de tête ; si c'est à une jeune femme, l'inclination est plus prononcée ; si c'est à une dame âgée que le salut s'adresse, le corps doit suivre le mouvement de la tête, et, selon la position sociale de la personne que l'on salue, on s'incline plus ou moins.

5.

Manuel de conversation de la Femme du Monde sur les arts.

Une femme ne doit pas rester étrangère aux questions d'art. C'est pour cela que nous indiquons ci-dessous quelques expressions généralement admises.

1° *La peinture.* — Si vous parlez peinture, les locutions qui la caractérisent sont les suivantes : d'abord, les *plans* — qui se composent du premier plan, c'est-à-dire ce qui est en bas, — et du deuxième plan, ce qui est plus loin, en recul.

S'il n'y a pas de différence dans le coloris ou dans la vigueur des tons, entre le premier et le deuxième plan : c'est que tout est sur le même plan : c'est un défaut qui s'exprime par « *Ça manque de perspective.* »

Si les couleurs sont mièvres, *le coloris manque d'énergie.*

Si les couleurs sont trop vives et pas en harmonie avec les accessoires : *les tons sont criards.*

Si les couleurs sont dans la note voulue, c'est-à-dire telles qu'on les voit, dans la nature : *c'est d'un merveilleux coloris.*

La peinture, si elle est faite à coups de gros lâchers de couleurs ou de plaquage, est : *large.*

Si au contraire, elle est à petits coups de pinceau, voulant représenter la nature de près avec ses infinis petits détails, on dit : « *Elle est trop fignolée, trop léchée.* »

Dans la figure : *Elle a de l'expression* si elle est bien peinte.

Ou : *c'est une photographie,* si le sentiment lui fait défaut.

Le sentiment, c'est l'expression morale que l'artiste donne à sa peinture.

2° *Dans la sculpture.* — Un sujet qui se tient dans une position bizarre, qu'on a peine à concevoir en équilibre, on dit de lui qu'*il est mal campé.* Si c'est le contraire, *il est bien campé.*

Quand les lignes sont mal rendues ou que les proportions ne sont pas bien observées, *il manque de forme,* de *ligne.*

Une statue dont les mouvements ne sont pas souples, dont la physionomie manque d'expression, *est froide.* Si c'est le contraire, *elle a du sentiment.*

Pour qu'une œuvre sculpturale soit bien, il faut donc qu'elle *soit bien campée,* qu'elle ait de *la forme* et du *sentiment.*

3° *En musique.* — En musique, on a du *doigté* si la touche est vive et légère. On a du *sentiment,* si les rythmes et les nuances sont bien observés. On a du *brio,* si elle est entraînante. On est *virtuose,* si l'on parvient à communiquer à l'auditoire ce petit frisson, qu'on appelle la petite mort.

Il va sans dire que nous ne donnons ici que les expressions qui expriment les sensations générales, que nous éprouvons devant une exécution artistique, et que loin de nous est la prétention de faire un cours complet d'esthétique, car pour résumer dans ses infinis détails la valeur d'une œuvre, c'est plusieurs volumes qu'il faudrait.

4° *En littérature.* — Il est indispensable, sans pour

cela vouloir viser au pédantisme ou au bas-blouisme, qu'une dame du monde ait quelques notions des divers genres de style.

Le style est ce qui personnifie l'auteur. Il est poétique, oratoire, historique ou épistolaire, selon que l'on s'occupe de poésie, de discours, d'histoire ou d'épîtres.

Dans la poésie, le style doit être noble; l'oratoire, pompeux; l'historique, clair; et l'épistolaire, familier et simple.

Nous avons aussi le *sublime*, caractérisé par les oraisons funèbres de Bossuet; le *style élevé*, qui se voit d ans l'*Athalie* de Racine et le *Cid* de Corneille

Nous trouvons le *style brillant* dans le *Génie du christianisme* et l'*Itinéraire de Paris à Jérusalem*, de Chateaubriand; dans les *Causeries du Lundi* de Sainte-Beuve, dans les œuvres de Lamartine et de Théophile Gautier.

Le *style châtié* se voit dans la *Salammbô* de Gustave Flaubert; et le *style clair et naturel* dans les œuvres d'Alphonse Daudet.

Nous trouvons le *style affecté* dans les œuvres des écoles *décadentes*, *déliquescentes*, *magnifiques*, etc. C'est le reproche que l'on fait aux œuvres de Mallarmé, qui en a été le chef.

Nous lisons du *style pathétique* quand nous parcourons Musset; et nous trouvons *sec* celui de Renan et de Montaigne.

Le *style* de Balzac est lâche, et celui du grand Victor Hugo est parfois *enflé et ampoulé*.

Dans les œuvres de Jules Vallès, de Veuillot, nous voyons un *style mâle et nerveux;* tandis qu'il est *confus* dans Georges Ohnet, et *simple et élégant* dans les œuvres de Loti.

Nous terminerons en disant que .ce court aperçu, ne parlant que du style, c'est-à-dire de la forme qu'emploie

VUE D'UNE CHAMBRE A COUCHER (STYLE LOUIS XV)
(Voir chapitre, page 78.)

l'auteur pour s'exprimer, n'a nullement la prétention d'amoindrir la valeur de certains auteurs qui, tels que Balzac et Hugo, peuvent avoir des défauts de style, mais rachetés par les pensées profondes qui fourmillent dans leurs œuvres ; et que c'est en somme la profondeur de la pensée qui, seule, caractérise l'œuvre géniale.

La poésie.

La poésie doit également nous être connue.

Nous devons savoir qu'on appelle *pieds* les syllabes composant un vers ; *césure,* l'arrêt que l'on fait au milieu d'un vers alexandrin. Les *hémistiches,* ce sont les deux parties du vers coupées par la césure.

Un vers alexandrin est celui qui est composé de douze pieds ; puis vient le vers de dix syllabes, huit, sept six, etc.

La finale des vers doit toujours être une *rime* en consonance avec une autre *rime.*

Faire des vers, c'est donc l'art de rimer en observant certaines règles indiquées ici.

Il y a la *rime masculine,* quand elle est composée d'une syllabe sonore et pleine ; et *féminine,* quand cette syllabe est muette.

Sur ces deux rimes, on fait des *rimes alternantes,* quand elles se succèdent *masculines* et *féminines,* rime par rime.

Les *rimes plates* vont deux par deux : deux féminines, deux masculines, alternativement.

Les *rimes croisées* sont composées de deux *rimes plates* entre deux alternantes, et si ces rimes plates se retrouvent sans régularité dans une pièce de vers, nous avons des *rimes mêlées.*

Une *rime* qui revient régulièrement dans la même poésie s'appelle *rime redoublée.*

L'*hiatus*, qui est un défaut de versification, est la rencontre de deux voyelles ou d'une voyelle et d'un *h* muet. La conjonction *et* dont le *t* est muet, forme *hiatus;* il est seulement admis dans le corps d'un mot. L'*hiatus* est indiqué par l'orthographe et non par la prononciation des mots.

On nomme *élision* la suppression euphonique de la lettre finale d'un mot ; *élision* nécessaire pour conserver au vers sa consonance.

L'*enjambement* consiste dans le sens qui commence dans un vers et finit dans le vers suivant.

Les *poésies libres* sont celles où se trouvent des vers d'inégale métrique, c'est-à-dire des vers qui ne sont pas composés d'un même nombre de pieds ou syllabes.

On appelle *licences poétiques* certaines libertés permises pour faciliter la structure d'un vers. Ces licences permettent de supprimer les s à la finale d'un vers ; de changer l'ordre des mots ; d'employer *où* pour *à qui, vers lequel, auquel;* et les prépositions *en* et *dans* devant les noms de villes commençant par une voyelle.

La Femme du Monde dans le choix des parfums.

Les parfums jouent un grand rôle dans la beauté. Ils en sont les accessoires indispensables. Cependant une jeune fille de corps sain peut s'en dispenser, le parfum *sui generis* qui se dégage d'elle est le plus suave à respirer.

Mais si nous usons des parfums, il faut soigneusement éviter tout ce qui est violent.

Si rien n'est aussi délicieusement bon que le délicat parfum de violette, de benjoin, d'iris, de peau d'Espagne, etc., rien n'est aussi désagréable que ces odeurs de musc ou de patchouli qui vous saisissent à la gorge et vous portent à la tête.

C'est donc ceux-là ou leurs similaires que nous devrons choisir comme adjuvants de notre beauté.

On communique les parfums aux vêtements, à l'envers, dans les dessous, par une légère vaporisation.

Un sachet de peau d'Espagne placé entre le corsage et la chemise exhalera, sous l'influence de la chaleur de votre corps, un parfum délicieux.

L'on ne doit pas suivre la mode pour les parfums, mais vous devez vous en tenir une fois pour toutes à celui que vous avez adopté et, ainsi que nous l'avons dit, avant de l'adopter, choisissez un parfum discret.

Changer souvent de parfum est une anomalie aussi grande que si vous changiez de cheveux. Pourquoi? parce que la personnalité de la femme consiste à s'identifier à son parfum, à se l'assimiler d'une façon aussi naturelle qu'une fleur le sien, et que ce n'est plus être soi, que d'épandre des ondes d'un *parfum* qui n'est pas le vôtre.

Mais de même que, jeune femme, vous n'êtes plus jeune fille et, pour continuer La Palice, quand vous êtes âgée, vous n'êtes plus jeune femme, les parfums doivent suivre cette métamorphose.

Ainsi, la violette à la jeune fille jusqu'à vingt-cinq ans.

De vingt-cinq à trente-cinq, nous recommanderons la rose, et à partir de trente-cinq, la lavande et l'eau de Cologne ambrée.

La Femme du Monde dans le choix des bijoux.

Si, ainsi que nous venons de le dire, les parfums ne doivent pas être violents, les bijoux ne doivent pas être lourds et mastocs.

D'ailleurs, il faut en être sobre, car rien n'est vulgaire et commun que ces lourds bracelets, ces grosses chaines, ces grosses boucles d'oreilles, qui vous donnent un faux air de châsse ambulante.

Une dame du monde ne porte à ses oreilles que des boucles minuscules. Un tout petit brillant, monté sur platine, fait valoir le lobe de l'oreille ; un bracelet très léger fait ressortir la fine attache du poignet ; si vous avez un tour de cou, que ce soit une chaîne menue comme des fils d'or.

Les bijoux ne sont sur une femm· que des accessoires de la toilette plutôt que de la beauté. Ils sont là pour rompre, par leurs effets brillants, le coloris monotone de l'étoffe.

Il est admis, aux bals, de se parer de diamants. Je n'aime pas les rivières trop grosses ou les diamants trop rassemblés, même dans l'aigrette. Cela vous donne un air feu d'artifice qui n'est pas merveilleux, ou reine de Golconde retour des Indes.

Si donc vous voulez porter des diamants, qu'ils soient pareils à des gouttes de rosée sur une fleur, car leur but est de donner précisément cette illusion.

Je ne saurais trop le répéter, la simplicité est ce qui convient le mieux. Je sais ce que vous allez me dire : « La simplicité, la simplicité... il faut pourtant faire comme les autres.» Je me permettrai de vous répondre que vous devez d'abord être soi sans vous occuper des autres, et pour ce, chercher à avoir un petit cachet qui vous soit personnel.

Croyez-m'en, chère lectrice, si vous voulez plaire, ne forcez jamais vos goûts; laissez, chez vous, marcher le naturel.

La nature a si merveilleusement fait les choses, sous le doigt de la Providence, que rien ici-bas ne se ressemble : c'est de cette dissemblance que naît l'harmonie et ce qui fait qu'on prend plaisir à toute chose, quand on en use modérément.

La Femme du Monde dans les secrets de la beauté.

1° *La conservation de la fraîcheur du teint.* — Rester belle : c'est le plus vif désir de toutes les femmes. Mais comment rester belle? Comment éviter que le temps ne vous strie la peau; ne vous patte-d'oie (pardon du néologisme) le coin des yeux; ne vous boursoufle la paupière inférieure ? Comment faire pour que les dents restent blanches, les lèvres roses et les cheveux dans leur couleur naturelle ? Voilà, chère lectrice, les secrets qu'il s'agit de révéler ici.

Ces secrets et recettes que nous donnons sont détaillés, ainsi que tout ce qui concerne la beauté, dans l'ouvrage si intéressant du Dr Marrin : *La Beauté chez la Femme et chez l'Homme* (1).

_____

(1) 1 vol. in-18, *franco*, 4 fr., à la librairie Pontet-Brault, 13, rue Malebranche, à Paris.

Le plus efficace des soins à employer pour conserver la beauté est l'eau froide, ou plutôt fraîche.

Si cependant une mauvaise hygiène a fait perdre au visage cette fraîcheur de teint si enviée, employez la crème froide de concombre que vous laisserez quelques instants sur le visage, et vous verrez aussitôt les rougeurs se modifier.

Cet emploi se fait le matin et le soir.

Comme ces rougeurs proviennent d'un excès de sang, il sera bon de suivre un régime rafraîchissant, d'éviter de manger de la venaison, des viandes échauffantes, de boire des vins trop toniques, tels que les quinquinas, les ferrugineux. Si vous êtes constipée, prenez un lavement de mauve de temps en temps. Si, au contraire, vous avez de pâles couleurs, c'est la chlorose, l'anémie. Dans ce cas, il faut suivre un régime fortifiant : des viandes saignantes, des ferrugineux, des quinquinas. Les amers, l'hydrothérapie et les frictions sont également indispensables contre l'anémie.

Si vous avez des taches de rousseur, pour les faire disparaître momentanément, voici la recette du lait antiphélique qui se vend comme remède secret, et qui a été empruntée au Dr Marrin :

Eau distillée.	250	grammes.
Sublimé	1	—
Sulfate de zinc.	2	—
Acétate de plomb	2	—
Alcool	10	—

Nous avons dit momentanément, car il arrive souvent qu'elles reparaissent au bout d'un certain temps.

Si les rides commencent à paraître, employez la crème de benjoin, qui tonifiera le tissu et l'assouplira.

Les personnes qui ont la peau farineuse se trouveront bien de se tamponner le visage avec la lotion suivante :

Poudre d'amidon	5 grammes.
Eau froide.	20 grammes.

Après la dissolution de l'amidon, y ajouter 50 grammes d'eau chaude.

Les petits boutons à fleur de peau disparaîtront en faisant usage d'eau légèrement additionnée d'ammoniaque.

Les poches d'yeux, ou gonflement qui se produit au bas de la paupière inférieure, se traitent en se lavant avec l'eau fraîche, additionnée de quelques gouttes de benjoin.

2° *Les dents.* — Voici la meilleure recette pour conserver les dents blanches. C'est la composition de l'eau de Botot :

Anis vert.	80	grammes.
Girofle.	20	—
Cannelle concassée. . . .	20	—
Essence de menthe	10	—

Voici également la composition d'une poudre dentifrice qui peut rivaliser avec celles les plus renommées :

Charbon de bois.	200	grammes.
Quinquina gris.	100	—
Essence de menthe	1	—
Tanin	10	—

L'essentiel est que le tout soit très finement pulvérisé pour que leurs angles n'attaquent pas l'émail.

Le charbon purifie l'haleine ; le quinquina tonifie les tissus de la bouche. La menthe la parfume, le tanin resserre les gencives et en prévient le ramollissement.

Avec ces deux recettes qui sont neutres et inertes, vous pouvez conserver indéfiniment la blancheur de vos dents en vous en servant tous les matins.

Quand on arrive à un certain âge, il est bon de se les faire nettoyer par un dentiste de temps en temps.

3º *Les lèvres.* — La pâleur des lèvres tient à des causes diverses.

Si c'est à l'anémie, il faut traiter celle-ci en suivant le régime indiqué plus haut.

Si c'est à tout autre cause que la pâleur des lèvres est due, le plus sain des remèdes est l'emploi de la pommade rosat.

La composition de cette pommade consiste en un mélange :

> Essence de rose. . . . . 2 grammes.
> Axonge . . . . 20 —
> Cire blanche . . . . 20 —

Le tout coloré en rouge par la racine d'orcanette.

Cette pommade doit toujours être de composition récente, pour qu'elle produise de bons effets.

Vous l'étendez le soir sur les lèvres gercées, ou au moment de sortir.

4º *Les seins.* — Les seins, comme tout le reste d'ailleurs, suivent la dégénérescence du corps. Quand la décrépitude vient, les seins baissent tristement leurs pointes roses ou brunes vers la terre.

Les remèdes que l'on vend sous forme de lait mammilla ne sont que des remèdes empiriques, sans valeur, et qui ne produisent, cela va sans dire, aucun résultat.

Pour leur conserver leur fermeté, il faut les soumettre à des lotions d'eau froide tous les matins.

« Pour éviter la distension des seins, il faut soutenir ces organes par une ceinture de tissu élastique, portée directement sur la peau et les maintenant sans les comprimer. »

Une recette, trouvée dans un ouvrage du troisième siècle, révèle que pour garder les seins bien proportionnés, il faut les frotter le soir avec de la graisse d'oie mêlée à du lait tiède.

J'avoue que je n'ai jamais eu le courage de tenter cette expérience.

Cependant voici une recette, la meilleure jusqu'ici, qui ne peut faire que du bien pour conserver la fermeté des seins.

Lait d'ânesse.	100 grammes.	
Benjoin	20	—
Tanin	10	—

En faire un mélange avec lequel on se frictionne le soir en se couchant, après avoir lotionné les seins avec de l'eau aussi froide que l'on pourra supporter.

5° *Les cheveux.* — Les cheveux jouent un grand rôle dans la beauté de la femme. Il est donc naturel que celle-ci tienne à les conserver.

Si vous avez des souillures dans les cheveux, il est indispensable de les faire disparaître.

Le meilleur liquide à employer est de l'eau de savon, additionnée d'une petite quantité d'alcool, une ou deux fois par semaine.

Comme le cuir chevelu craint l'humidité, il est nécessaire de s'entourer la tête d'une serviette pour faire disparaître toute tache d'humidité.

Si vous voulez les parfumer, évitez toutes les préparations contenant des substances nuisibles ; pour cela, composez vous même le liquide.

Vous achetez de l'huile d'amandes douces, fraîchement préparée, que vous parfumez en y versant quelques gouttes d'essence de bergamote, de fleur d'oranger, de rose, de teinture de vanille, etc.

Si le cuir chevelu est couvert de lamelles qui se détachent sous forme de poussière, vous êtes atteint du pityriasis.

Il est important de guérir cette affection si vous tenez à conserver vos cheveux.

Voici le remède le plus sûr pour faire tomber les pellicules.

Rhum . . . .   1 litre.
Chloral. . . . .   35 grammes.

Quand le chloral est bien dissous, vous vous en frictionnez la tête, légèrement, chaque soir. Le matin, vous débarrassez la tête des pellicules avec la brosse à cheveux.

Vos cheveux peuvent quelquefois tomber prématurément : c'est ce qu'on appelle l'alopécie précoce, qui survient à la suite d'une maladie ou d'un surmenage.

Le meilleur remède à employer pour activer la repousse, consiste à se frictionner la tête deux fois par jour avec une brosse imprégnée d'alcool.

Au début, cet alcool sera coupé de moitié d'eau, puis d'un quart, pour arriver insensiblement à ne vous servir que d'alcool pur.

Ensuite vous oindrez le cuir chevelu avec une pommade composée de :

> 60 grammes de moelle de bœuf.
> 30   —   d'huile de ricin.
> 10   —   de tanin.

Que vous parfumerez de quelques gouttes d'essence de rose.

Pour la recoloration des cheveux nous recommandons le henné, qui rend les cheveux souples et lustrés et par conséquent les conserve.

Il suffit pour cela de faire une pâte de feuilles de henné que l'on délaie ensuite avec un peu d'eau tiède et que l'on s'applique sur les cheveux. Au bout d'un certain temps, une heure et demie à deux heures et demie environ, vous lavez vos cheveux pour les débarrasser de cette pâte.

Vous recommencez cette opération une fois par mois, et plus, si cela est nécessaire.

6° *Le nez.* — Le nez est parfois le siège de petits points noirs qui l'enlaidissent ; d'autres fois il est sujet à la couperose et à l'acné qui ne l'embellissent pas : Or, si le nez est vilain, la beauté du visage en souffre, donc il est indispensable de traiter ces affections dès le début.

Les petits points noirs seront traités en les pressant pour en faire sortir la matière grasse qu'ils contiennent

6

puis à lotionner la place à plusieurs reprises avec une
solution de

5 grammes de borax, dans
100   —   d'eau chaude.

La couperose est caractérisée par des points rouges
sur les joues et le nez qui finissent par se transformer
en une infinité de lignes vermiculaires rouges ou vio-
lacées.

Pour la guérir il faut lotionner les parties malades,
matin et soir, avec de l'eau très très chaude additionnée
d'une solution de sublimé ou d'eau sulfureuse. Dans
300 grammes d'eau, vous faites fondre 2 grammes de
sublimé ou 4 grammes de fleur de soufre.

On verse une petite cuillerée du mélange dans le verre
d'eau chaude.

Pendant la nuit, tenir le visage à l'abri de l'air au
moyen d'une couche de vaseline.

Pour rendre la guérison durable, faire une saison dans
une station d'eaux sulfureuses.

L'acné. — Ce sont des boutons qui présentent une base
dure, rouge et violacée, surmontée d'un point jaunâtre,
d'où il sort du pus ou du sang. — Elle se traite comme
la couperose.

L'Usage des Bouquets.

L'habitude de donner un langage aux fleurs est bien
tombée. Ce n'est guère plus qu'entre jeunes gens qu'on
s'adonne à ce jeu ingénu.

Pour ma part, je le regrette, car il était charmant de

donner conventionnellement une signification à une fleur et d'établir ainsi une correspondance avec une amie. Par exemple, pour lui dire qu'elle était au plus profond de mon cœur, je lui envoyais du thym fleuri ; elle me répondait en m'envoyant un bouquet d'iris bleu, qui voulait dire : vous pouvez aussi croire en ma tendresse.

Tous nos sentiments étaient exprimés par des fleurs, et nous faisions parfois le projet, que nous mettions à exécution, de converser pendant une semaine rien qu'avec des fleurs, sans échanger une parole ou une lettre. Nous laissions sécher les fleurs, écrivant au bas leurs significations ; ensuite nous reconstituions notre conversation, le délai fixé terminé.

Il faut dire que nous avions de grands loisirs, et que nous trouvions un grand plaisir à les occuper de cette façon.

Quoique le langage des fleurs soit un peu démodé, il n'est pas d'usage d'offrir à une jeune fille des fleurs rouges, qui expriment des sentiments violents, ni des scabieuses, qui sont principalement destinées aux veuves ; mais on pourra lui offrir un bouquet de troènes, de roses en bouton, de roses blanches, de primevères, de myosotis, de marguerites, de lis blancs. A une femme, vous offrirez des roses roses épanouies, des fleurs de pêcher, des jonquilles.

Si c'est à un homme que vous désirez offrir un bouquet, le coquelicot, la capucine, la fraxilène rouge, la pivoine rouge sont tout indiqués.

Evitez de donner du glaïeul ou de l'hortensia, qui signifient froideur ; ou du saxifrage blanc, qui veut dire fierté, dédain ; ou du camélia rouge vif, dont la signification est tromperie. Mais la pensée et le chèvrefeuille blanc jaunâtre peuvent s'offrir à tout le monde.

Procédés pour conserver les Bouquets.

Un bouquet qui a été gardé à la main pendant une soirée, dans une atmosphère chaude, reprendra sa fraîcheur en l'arrosant et en le suspendant dans une cave, les fleurs en bas.

Pour conserver les bouquets, il faut les asperger d'eau fraîche et couper un centimètre des tiges chaque soir.

On conservera également les bouquets en faisant dissoudre quelques grammes de sel ammoniac dans l'eau où ils trempent.

On se sert également, pour conserver les bouquets longtemps, de la poudre de charbon de bois que l'on mélange à l'eau.

Pour conserver les fleurs fraîches pour les réceptions de l'hiver, on les embaume (1).

La Femme du Monde au Théâtre.

Si vous êtes au théâtre, que vous ayez payé la loge et que des invités se trouvent avec vous, vous devez leur céder les places de devant.

Si les invités appartiennent à une même famille, un seul devra accepter cette politesse.

Les meilleures places sont toujours réservées aux dames.

Lorsqu'au théâtre vous apercevez des personnes de connaissance, il est de mauvais goût de leur faire des

(1) Voir même librairie, *Plantes d'appartement*, 1 vol., 3 fr. 50.

signes, à plus forte raison de les interpeller. Vous devez les saluer d'une simple inclination de tête, sans vous déranger. Si c'est une personne d'un haut rang, vous accentuez le salut en signe de respect, en vous soulevant légèrement.

Une dame peut accepter les rafraîchissements qui lui sont offerts au théâtre.

Une dame ne doit pas apercevoir un homme qu'elle rencontre en compagnie douteuse.

Il est de mauvais ton de lorgner dans la salle avec persistance, pendant un lever de rideau.

Il faut prendre garde de ne pas gesticuler, ni de parler à voix trop haute, ni de désigner quelqu'un du doigt, ni de manifester trop ostensiblement son opinion sur le jeu des acteurs.

Il n'est pas d'usage non plus d'applaudir, à moins que par votre rang social, vos applaudissements soient le point de départ et la consécration de l'opinion.

Si la pièce est commencée, vous ne devez prendre vos places que l'acte terminé.

Si vous êtes dans un salon, en soirée théâtrale, comme il n'y a jamais de claque, vous devez applaudir discrètement.

Vous ne devez pas accepter une place qu'un monsieur vous offre, si vous êtes accompagnée d'un homme. Si vous désirez l'occuper, il faut que votre cavalier la demande pour vous ; dans ce cas, vous l'en priez.

La Correspondance d'une Femme du Monde.

Dans un précédent chapitre, nous avons indiqué le papier qu'il fallait choisir, les marges à observer et comment se met la suscription des enveloppes ; ici, nous

6.

allons donner quelques modèles de lettres, qu'on a à écrire dans les différentes circonstances de la vie.

A une Dame qui a perdu son mari.

Madame,

Ah ! madame, dans votre grande douleur, quelles consolations pourrais-je bien vous offrir ? J'ai hésité longtemps à vous distraire de vos douloureuses pensées, malgré la vive part que je prends à votre affliction.

Si vos chagrins peuvent obtenir quelques adoucissements, c'est incontestablement de savoir qu'ils sont partagés par tous ceux qui ont approché celui que vous pleurez.

Je vous en prie, madame, du courage, pour ne point compromettre votre santé, si indispensable à vos enfants (si la veuve est mère) et si précieuse à vos amis.

C'est avec la plus grande affection que je me dis toujours, madame, votre amie bien dévouée.

(Date.)   (Signature.)

En modifiant un peu la formule, cette lettre peut être également employée pour toute personne qui vient de perdre un membre de sa famille.

Lettre à une Dame victime d'un malheur.

Madame,

Combien je suis peinée du malheur qui vous frappe. Il n'est personne de ceux qui ont, comme moi, le bonheur de vous connaître, qui n'y prenne la part la plus vive.

Veuillons nous rappeler, madame, que Dieu ne nous

envoie des revers que pour nous éprouver, et que sa bonté infinie nous accorde toujours des compensations.

Nous devons nous résigner en attendant les jours meilleurs, qui suivront promptement, si Dieu daigne exaucer les vœux de vos amies sincères, au nombre desquelles je vous prie de bien vouloir me compter.

Veuillez bien agréer, madame, l'expression de ma profonde amitié.

(Date.)   (Signature.)

Réponse aux deux lettres ci-dessus.

Madame,

Les marques d'intérêt que vous me témoignez me touchent profondément.

Elles sont douces à mon cœur par l'appréciation que j'ai pu faire, depuis longtemps, de la sincérité de vos sentiments.

Je n'aurais garde d'oublier, madame, que dans la circonstance la plus douloureuse de ma vie vous êtes restée pour moi toujours une amie vraie.

En vous priant de vouloir bien croire à ma vive reconnaissance,

Veuillez agréer, madame, l'expression de mes remerciements et de ma sincère amitié.

(Date.)   (Signature.)

Lettres de félicitations pour une naissance ou un bonheur qui arrive à une dame.

Madame,

Trop sensible à tout ce qui peut vous arriver d'heureux,

je ne veux pas laisser se perdre une minute pour vous dire la part que je prends à votre joie.

Je vous prie donc de recevoir mes félicitations les plus sincères pour le bonheur qui vous arrive.

Et veuillez bien me croire, madame, votre amie très affectionnée.

(Date.)   (Signature.)

En changeant un peu la formule, cette lettre peut servir pour tous les événements heureux.

Réponse à la lettre ci-dessus.

Madame,

Mon bonheur est doublé par les sentiments que votre lettre veut bien m'exprimer, à l'occasion de l'événement heureux qui m'arrive.

Si je n'avais déjà reçu maintes preuves de votre véritable amitié, votre lettre suffirait pour m'en convaincre.

En vous remerciant du vif plaisir que vous avez bien voulu me causer, je vous prie d'agréer, madame, l'assurance de toute ma bonne amitié.

(Date.)   (Signature.)

Lettre d'une mère pour demander la main d'une demoiselle pour son fils.

Monsieur (ou madame, ou l'un et l'autre),

Je reçois une prière qui comblerait tous mes vœux et rendrait nos enfants heureux si vous vouliez bien la prendre en considération.

Mon fils (le prénom), m'informe qu'il aime, de toute

son âme, mademoiselle (le prénom), votre charmante fille.

Il me prie de vous le faire savoir et de vous demander sa main.

Quant à moi, je serais particulièrement heureuse de cette alliance entre nos deux familles.

Voici la position de mon fils (indiquer tous les détails).

Quant à nos jeunes gens, s'étant vus maintes fois, ils ont pu s'apprécier réciproquement.

Dans l'attente d'une réponse favorable, je vous présente, monsieur, l'assurance de ma plus parfaite considération.

(Date.)   (Signature.)

Cette lettre convient également pour un père, etc.

Réponse (si elle est favorable).

Madame (ou monsieur, ou l'un et l'autre),

Très touché de l'honneur que vous voulez bien me faire, je ne vois pas d'obstacle à cette heureuse alliance.

Ce n'est pas d'aujourd'hui que j'ai pu apprécier les sérieuse qualités de monsieur votre fils ; et ma fille, de son côté, partage sincèrement les sentiments qu'il dit avoir pour elle.

Voulant tous les deux également le bonheur de nos chers enfants, il nous sera facile de nous mettre d'accord sur les moyens de le leur assurer et de nous entendre parfaitement sur tous les points.

Je vous prie de considérer notre maison comme vous

étant ouverte et de vouloir croire que vous y serez toujours les bien venus.

Veuillez, je vous prie, agréer, madame, l'assurance de
mon profond respect.

    (Date.)   (Signature.)

    Si c'est un homme : Veuillez agréer, Monsieur, l'expres-
sion de ma sympathie.

Réponse défavorable.

Madame (ou Monsieur),

J'aurais été vraiment heureux de pouvoir accueillir
favorablement la demande dont vous avez bien voulu
m'honorer.

Les excellentes qualités et les bons sentiments que
monsieur votre fils tient de famille, eussent trouvé,
parmi nous, toute la faveur qu'ils méritent, si des enga-
gements antérieurs et d'autres motifs, qui n'ont rien de
blessant pour vous, ne m'obligeaient à ne pouvoir
accepter votre proposition de mariage.

Avec tous mes regrets, veuillez agréer, madame, l'expression de ma plus profonde estime.

    (Date.)   (Signature.)

Réponse d'une veuve à un homme qui sollicite
sa main.

Réponse favorable.

Monsieur,

Les sentiments exprimés dans votre demande sont

pour moi trop honorables et trop flatteurs pour que je n'y réponde pas de même.

Je suis toute disposée à m'entretenir avec vous et, si vos intentions ne se sont pas modifiées, veuillez venir, nous causerons et nous nous entretiendrons des préparatifs de notre union.

Je crains, monsieur, que vous ne vous exagériez mes qualités ; mais ce que je puis vous affirmer c'est que je me sens assez de bonne volonté et de dévouement pour contribuer au bonheur d'un honnête homme, dont l'estime et l'amitié me seront toujours précieuses.

Votre compagne et amie dévouée.

(Date.) (Signature.)

Réponse négative.

Monsieur,

Je ne me permets pas de douter de la sincérité de vos protestations, et suis on ne peut plus honorée de la demande que vous avez bien voulu me faire.

J'aurais été certainement heureuse avec vous, mais des circonstances indépendantes de ma volonté m'obligent, à mon grand regret, à ne pouvoir répondre favorablement.

Il me reste un peu de consolation, monsieur dans la persuasion où je suis qu'un homme de votre grand mérite trouvera facilement une autre compagne plus digne encore de lui, et que vous voudrez bien me conserver votre estime, ainsi que vos témoignages de considération, que j'apprécie profondément.

Agréez, monsieur, l'assurance de mes sentiments distingués.

(Date.) (Signature.)

A une jeune mariée.

Madame,

J'éprouve un sensible plaisir de votre mariage. Vos précieuses qualités de cœur et d'esprit vous destinaient, à l'avance, à être l'élue de la Providence, qui a bien voulu récompenser vos mérites et vos vertus en vous donnant à un mari, qui, d'après le bien que j'entends dire de lui, doit vous assurer tous les bonheurs.

Je souhaite sincèrement que vous ajoutiez bientôt au titre d'épouse adorée, celui d'heureuse mère, et que votre lune de miel ignore les autres quartiers.

Je vous prie, au milieu des joies qui vous entourent, de penser à votre sincère amie.

(Date.) (Signature.)

Lettre de bonne année.

Madame,

Je me dépêche, pour être la première à vous souhaiter la bonne année. Que faut-il vous dire qui ne vous ait été dit? Quels souhaits que vous n'ayez déjà reçus? Mais ce que je puis vous affirmer c'est que rien n'a été plus sincère que le bon an que mon cœur vous envoie.

Veuillez croire, madame, en l'affection sincère de votre amie.

(Date.) (Signature.)

Lettres à des personnages officiels [1]

Toutes les demandes doivent être écrites sur papier in-folio, dit papier ministre. Il est indispensable de laisser, à gauche, une grande marge pour les observations. La lettre doit commencer au milieu de la page, le verso de la feuille restant blanc, et doit être signée à droite ; il est bon qu'elle soit apostillée par un personnage haut placé.

L'enveloppe doit être également : ministre.

Les lettres adressées aux chefs d'Etat, Ministres et Préfets ne sont pas affranchies.

Au Président de la République, pour solliciter un secours.

Monsieur le Président,

J'ai l'honneur de Vous exposer que (donner ici les motifs qui vous contraignent à cette demande), je me trouve contrainte d'implorer Votre secours généreux.

Mère de famille, unique appui de (dire les personnes qui dépendent de nous), l'exposante conserve l'espoir,

(1) Dans les pays monarchiques, le corps des lettres est le même. Les formules sont seulement ainsi modifiées :

Pour un roi : Vous écrivez à *Sa Majesté*, etc. Au milieu de la page vous mettez : *Sire*, etc. Terminez les hommages en les faisant suivre de ces mots : *Je suis, Sire, votre très humble servante.*

Si vous écrivez à un Ministre, vous faites précéder ce titre du mot : *Excellence. A Son Excellence Monsieur le Ministre*, etc. Et vous terminez : *Je suis, de Son Excellence, la respectueuse servante.*

A un haut dignitaire de l'Eglise le mot *Excellence* se remplace par *Son Eminence* ou *Sa Grandeur.*

7

Monsieur le Président, que ces titres, toujours bien accueillis par Vous, lui vaudront la faveur d'être admise parmi ceux qui ont part à Votre bienfaisance.

Daignez agréer avec mon plus profond respect, Monsieur le Président, mes sincères hommages.

    (Date.)   (Signature.)

                  (Adresse.)

NOTA. — Cette lettre peut servir pour toutes les demandes de secours, adressées par n'importe qui, en modifiant légèrement la formule. Ne pas oublier de mettre les majuscules aux pronoms personnels, selon les indications. Sous peine de manquer du tact le plus élémentaire, un personnage officiel doit répondre à toutes les demandes des malheureux, et doit leur donner satisfaction dans la mesure de ses moyens.

N'oublions pas que plus nous sommes haut placés, plus nous devons être accueillants et bienveillants.

Lettre au Président pour lui demander une grâce.

    Monsieur le Président,

Une mère éplorée se jette à Vos pieds et Vous implore.

Dans un moment de folie, mon malheureux fils a failli; mais avant que la justice eût prononcé, le repentir était déjà dans son âme. (Mettre ici le nom), a été condamné le....., par la Cour de.....

En usant en sa faveur de Votre plus beau privilège, au droit de grâce, Vous rendrez à la société un homme qui saurait marcher dans l'avenir, sans dévier, dans le sentier de l'honneur, et Vous rendrez la vie à toute une pauvre famille.

Pitié, monsieur le Président ! Pitié pour lui, pitié pour nous ! et sa famille éplorée Vous bénira de l'immense bienfait que Vous lui ferez et Vous en conservera une éternelle reconnaissance.

Daignez agréer, monsieur le Président, mon respectueux hommage.

(Signature.)

(Même nota que pour l'autre lettre.)

Lettre pour obtenir une pension.

Monsieur le Président de la République,

La soussignée (*nom et prénoms*) veuve de (ou mère de) . . . . de son vivant (*la profession et les titres qui militent en faveur de la demande*). Aujourd'hui seule, sans soutien, sans appui, sans ressources, a l'honneur de s'adresser à Vous, monsieur le Président, pour obtenir que vous n'abandonniez pas dans l'infortune la veuve (ou la mère) d'un des fils de la France qui servi son pays avec dévouement et désintéressement.

J'ose donc, monsieur le Président, implorer avec confiance Votre généreux appui, pour qu'il daigne s'étendre jusqu'à mon malheureux sort.

Daignez agréer, monsieur le Président, mes hommages profondément respectueux.

(Signature.)

Lettre à un ministre, pour lui demander l'expédition d'une affaire.

Monsieur le Ministre,

Je prends la respectueuse liberté de rappeler à Votre

bienveillance que (*expliquer ce dont il s'agit*) est en sus-
pens dans les bureaux de Votre ministère depuis le.....

Je comprends qu'un minutieux examen était nécessaire ; mais maintenant que tout est éclairci, je Vous
prie, monsieur le Ministre, de vouloir bien donner des
ordres pour que je n'aie plus à souffrir un nouveau re-
tard qui pourrait causer ma ruine.

Veuillez bien agréer, monsieur le Ministre, l'assurance
de mes sentiments profondément respectueux.

(*Signature.*)

*Lettre à un ministre pour solliciter le bénéfice d'un
bureau de tabac.*

Monsieur le Ministre,

La soussignée (*nom et prénoms*), veuve (ou mère)
de. . . . . mort à. . . . . . le. . . . . de son vivant
(*indiquer la profession et les titres justifiant la demande*), aujourd'hui seule et sans ressources, a l'honneur de venir solliciter de Votre bienveillance le bénéfice
d'un bureau de tabac.

Je suis intimement persuadée, monsieur le Ministre,
que Vous ne voudrez pas laisser tomber dans la misère
la veuve (ou la mère) de celui qui a servi son pays avec
dévouement et désintéressement.

En le faisant, Vous accomplirez un acte de grande
justice, qui Vous fera bénir de toutes les femmes
et mères de France en général, et de moi en parti-
culier.

Veuillez bien agréer, monsieur le Ministre, l'assurance
de mes sentiments profondément respectueux.

Lettre au ministre de la guerre pour demander des renseignements.

A monsieur le Ministre de la guerre.

Monsieur le Ministre,

J'ai l'honneur de Vous informer que (mon fils, ou mon mari, ou mon frère) (*prénoms, nom*), conscrit de la classe de. . . . incorporé dans le régiment. . . de . . . expédié à. . . . ne nous a pas donné de ses nouvelles depuis le

Ses dernières lettres sont datées de. . . . .

Je viens Vous prier, monsieur le Ministre, d'avoir l'extrême obligeance de vouloir bien faire faire des recherches le concernant.

Veuillez bien agréer, monsieur le Ministre, l'assurance de mes sentiments respectueux.

La Femme du monde dans la rue et les promenades publiques.

L'usage veut qu'une dame, en rencontrant une autre plus âgée, lui cède le côté des maisons.

Il en est de même quand on rencontre une femme et son enfant.

Si l'on se trouve sur un trottoir étroit, l'on doit descendre pour laisser passer.

Une femme ne doit jamais se retourner sur les gens qui passent; ne doit pas faire de longues stations aux devantures des magasins, ni regarder aux fenêtres des maisons.

Je parle ici bien entendu de la femme seule et à Paris, car, si elle est accompagnée de son mari, il est évident qu'elle peut s'arrêter devant les vitrines selon sa fantaisie, et si elle est dans une localité de province, j'entends une ville de moyenne grandeur, où tout le monde se connaît, elle peut s'arrêter à causer et à regarder.

On doit, avec les personnes de connaissance que l'on rencontre, éviter de s'arrêter après les avoir saluées.

Le savoir-vivre exige que l'on s'arrête sur le palier d'un escalier, pour attendre que là personne que l'on va croiser soit descendue ou montée ; l'on doit aussi céder le côté de la rampe à la personne qui monte ou qui descend, quand c'est une femme, bien entendu, ou un monsieur infirme et âgé.

En passant, cette personne doit saluer en se hâtant de passer et exprimer des paroles d'excuse.

Si dans la rue on coudoie quelqu'un par mégarde, on doit lui demander pardon.

A une porte, il est bien élevé de la tenir ouverte jusqu'à ce que la personne qui vous suit immédiatement puisse la tenir elle-même.

Si, au passage d'une porte, on vous fait l'honneur de vous laisser passer la première, on dit : *je vous en prie...* Si l'on vous répond : *après vous madame...* Vous passez sans plus insister en ajoutant : *pardon madame* ou *monsieur,* ou *merci madame* ou *monsieur.*

Lorsque plusieurs personnes sont assises à la promenade, et que d'autres personnes connues, même de quelques-unes seulement, s'approchent pour leur parler, toutes doivent se lever et rester debout tout le temps que dure la conversation.

On ne doit pas accepter l'invitation à s'asseoir, pas plus qu'on ne doit l'adresser, tant que les présentations ne sont pas faites.

Si une personne s'approche et que vous ne désiriez pas la voir s'asseoir avec vous, vous vous tenez debout pour la recevoir.

Une femme ne se lèvera jamais pour accueillir un homme, à moins que ce ne soit un très haut personnage.

Instructions générales sur l'accueil, l'éducation et les convenances.

Le premier devoir d'une maîtresse de maison est de s'emparer de ses invités par son accueil.

Pour cela, il faut éviter que celui-ci soit froid et compassé.

Soyez souriante, gracieuse, tout le monde en sera charmé.

Ainsi que nous l'avions dit au chapitre concernant les réceptions, vous devez manifester de la joie même avec les personnes qui vous déplaisent, du moment que vous entretenez des relations avec elles.

Après l'échange des salutations, on s'informe réciproquement des nouvelles de sa santé et de celles des membres absents de la famille.

Les nouveaux arrivés sont ensuite présentés aux personnes présentes, si elles ne se connaissent pas, et l'on reprend la suite de la conversation.

Il est impoli, dans un salon, de saluer des personnes de connaissance, à plus forte raison de leur parler avant les maîtres de la maison, et de s'adresser aux hommes avant les femmes.

Comme l'on suppose que celle qui vient le fait pour demander des nouvelles, c'est donc celle qui arrive qui doit en demander à l'autre.

Une personne, arrivant dans une ville où elle est étrangère, la maîtresse de maison qui la reçoit lui demande d'abord des nouvelles de sa santé, s'informe de la façon dont son voyage s'est accompli, ensuite de la santé de sa famille. La personne qui arrive présente alors les compliments dont sa famille l'a chargée et s'informe de la santé des vôtres.

Si c'est une personne de la localité, retour de voyage, c'est à elle qu'appartient le devoir de s'informer la première.

N'oubliez jamais les absents en prenant congé de la maîtresse de maison : « Ne m'oubliez pas au souvenir de monsieur... (le nom du mari de l'hôtesse).

En prenant congé, c'est celle qui reçoit qui, la première, fait ses recommandations ; celle qui est reçue les lui retourne pour les siens.

Il ne convient pas de s'asseoir avant la personne qui vous rend visite et vous devez engager celle-ci à le faire en lui avançant un siège.

Si importuns que soient les visiteurs, vous devez faire semblant de les retenir : « Comment ! vous me quittez déjà ! Restez encore un peu. »

＊＊＊

L'indiscrétion est un manque d'usage ; c'est pour cela que la discrétion est une des règles élémentaires du savoir-vivre.

En principe, à moins d'en être prié, ne vous occupez pas des autres. Tel voit la paille qui ne voit pas la poutre. Laissez chacun s'habiller comme il peut, vivre comme il l'entend, se soigner à sa guise, car vous ignorez s'il lui est possible de faire autrement.

Et, du moment qu'il ne fait tort à personne, vous n'avez aucun droit de vous immiscer dans les détails de son intérieur.

Quand, sous le coup d'un événement imprévu, l'on vous conte quelque secret, oubliez-le tout de suite. Et jamais, au grand jamais, ne vous en faites une arme.

∴

Une personne distinguée n'est jamais bavarde.

Il est d'un manque absolu de convenance de parler sans laisser parler, ou de faire des allusions personnelles en parlant.

C'est également un grand manque de tact de reprendre les autres de leurs défauts, de leurs fautes.

Si vous êtes avec des personnes ignorantes, ne les reprenez pas, et surtout ne cherchez pas à les éblouir par votre esprit : la belle affaire qu'un borgne se vante d'y voir mieux qu'un aveugle ! N'est-ce point évident ?

Ne vous vantez pas non plus de votre beauté, de vos toilettes. Les dindons et les paons en font autant.

Soyons donc supérieures aux animaux, en sentant ce que nous sommes sans nous en enorgueillir.

La Femme du Monde envers ses domestiques et ses inférieurs.

Ce traité, que nous avons fait aussi complet que possible, ne le serait cependant pas si nous omettions de parler des devoirs de la femme du monde envers ses domestiques et ses inférieurs.

Il est des règles à observer à l'égard de ceux-ci, et une vraie femme du monde ne saurait y manquer sans déchoir.

7.

Il est plus excusable de manquer d'égards envers un tout-puissant qu'envers un tout-petit.

En effet, celui-là ne saurait être amoindri par cet oubli, tandis que celui-ci a besoin de cet encouragement pour lui faire supporter sans rancune le côté pénible de sa condition.

Devant la loi religieuse et civile, toutes les conditions sont égales, et le hasard et la fortune seraient insuffisants pour justifier une distance entre eux et nous, si l'éducation, qui consiste surtout en une exacte compréhension des devoirs de noblesse morale, n'était là pour la caractériser. Ceci dit, nous nous expliquons :

Il faut éviter de réprimander un domestique devant des étrangers. D'abord votre visiteur n'aime pas beaucoup ces sortes de scènes, et ensuite vous vous exposez à quelques paroles malsonnantes devant un tiers.

Quand un domestique a manqué à son service, faites-le lui remarquer sur le champ, sans émettre une réflexion. Puis, attendez plusieurs heures, ou même le lendemain, pour lui faire les observations que vous croirez devoir lui faire.

Vous verrez que vous vous trouverez bien de cette méthode.

En effet, l'avertissement que vous lui avez donné le fera rentrer en lui-même ; de votre côté, vous vous serez mieux rendu compte de la faute ; il en résultera nécessairement un acte plus juste.

N'oublions pas que s'il n'y a pas de grand homme pour un valet de chambre, il n'y a pas non plus de grande dame pour une femme de chambre.

Celle-ci, admise à nous voir à toute heure du jour et de la nuit, ne tardera pas à surprendre quelqu'une de nos infirmités. Comment, dès lors, admettre que nous

nous montrions hautaines, irascibles, injustes, envers cette pauvre fille ?

Notre réputation, notre dignité surtout, exigent que nous agissions différemment pour être respectées.

Ce serait cependant une grande erreur de croire que nous parviendrions à ce but par une indulgence exagérée.

Ce n'est point ce que nos serviteurs et servantes attendent de nous. Ils ne demandent qu'une chose, c'est d'être traités avec justice.

Pour cela, il faut que nous évitions de leur parler en dehors de leur service. Dans les ordres que nous leur donnons, ne laissons percer ni vanité, ce qui serait ridicule, ni morgue, ce qui serait outrageant; mais que nos ordres soient donnés en peu de mots, sans crier. Nous devons nous assurer qu'ils ont été bien compris et tenir la main à ce qu'ils soient exécutés ponctuellement.

Ne gardez pas des domestiques qui résistent à vos ordres, ou qui mentent. Si vos gens ont ce défaut, reprenez-les avec patience ; si, malgré cette réprimande, ils persistent, prévenez-les que vous serez obligée de vous priver de leurs soins, et enfin, si cet avertissement est de nul effet, donnez-leur congé.

Quand vous donnez congé à un domestique, le mieux, c'est de lui payer ses huit jours de gages et de le laisser partir immédiatement.

Votre droit est, après lui avoir signifié son renvoi en lui donnant ses huit jours, d'exiger qu'il vous serve pendant ce délai, en lui laissant deux heures par jour pour qu'il puisse se procurer une condition. Si vous usez de ce droit, (il ne faut pas demander aux domestiques des sentiments qu'ils ne comprennent pas, sans cela ils ne consentiraient peut-être plus à être domestiques), voici ce qu'il vous arrivera : le domestique gâchera son travail,

cherchera à débaucher les autres domestiques, vous
créera des ennuis de tous genres, de sorte que, ainsi que
je l'ai dit, il est préférable de le payer et de le laisser
partir.

Sur le certificat qu'il est en droit de vous demander,
vous ne pouvez émettre aucune opinion défavorable,
mais simplement indiquer la date de l'entrée et de la
sortie de votre maison.

L'esprit de la loi a été de prévenir les abus que pourraient commettre certains maîtres à l'égard de leurs domestiques, soit en abusant de leur bonne volonté par
la crainte d'un mauvais certificat, soit par celui-ci de les
empêcher de se replacer en condition.

Une maîtresse de maison doit savoir tout ce qui se dépense, tout ce qui se brise, tout ce qui se détériore, mais
ne doit pas gronder outre mesure pour des gauche-
ries.

Ne demandez jamais des conseils à votre domestique ;
ne souffrez jamais qu'elle se permette une raillerie quelconque sur les personnes fréquentant votre maison et,
en toute chose, traitez-la avec égard, comme quelqu'un
faisant partie de la famille et destiné à vivre toujours
chez vous.

Il ne faut jamais regarder à la nourriture de vos domestiques. Il faut toujours que celle-ci soit saine, bonne
et abondante ; mais veillez à ce que rien ne se perde et
pensez qu'il y a toujours des malheureux qui manquent
du nécessaire.

Il est préférable de se priver des soins d'une domestique que l'on ne pourrait pas bien nourrir.

Si vous montez à cheval, le domestique doit vous
suivre à quinze pas environ ; si vous êtes accompagnée
d'un cavalier, le groom doit se tenir à vingt-cinq pas en
arrière.

Si vous allez à pied et que vous vous fassiez accompagner par un domestique, celui-ci se tiendra à cinq ou
six pas derrière vous.

Si vous arrivez en voiture devant un magasin, le valet
de pied doit vous en ouvrir la portière, puis celle du magasin, et la tenir ouverte jusqu'à ce que vous soyez entrée.

Si c'est dans une maison particulière, il doit en tirer
la sonnette et ouvrir la porte comme précédemment.

Quand vous sortez, si votre valet de pied voit votre
sortie, il doit agir comme il a fait à votre entrée.

L'usage à Paris est de donner un denier à Dieu à sa
domestique en l'engageant ; ce denier à Dieu varie de
cinq à vingt francs, selon l'importance des gages.

Ne supportez jamais de vos domestiques la délation à
l'égard les uns des autres, mais faites-leur sentir que
rien de ce qui arrive dans la maison ne passe inaperçu,
et qu'ils sentent que si vous ne réprimandez pas, c'est
pure indulgence et non manque de clairvoyance.

Théorie des danses modernes et des danses anciennes.

Beaucoup de dames, connaissant l'ouvrage que nous
préparions, nous ont manifesté le désir de ne pas le finir
sans y voir figurer un chapitre sur les danses.

Ce désir ne nous paraissant on ne peut plus juste, les
danses figurant dans beaucoup de soirées, nous nous
sommes empressée d'accepter.

Nous ne parlerons pas des danses qui sont d'un usage
fréquent, telles que : la valse, la polka, la mazurka, les
quadrilles, la gigue, etc., qui datent, pour la plupart, du
commencement de ce siècle et que tout le monde connaît.

Nous nous en tiendrons aux danses qui, ces derniers temps, ont été introduites en France, et, par conséquent, peuvent être restées ignorées ; et à celles qui sous le nom de danses nobles, par opposition aux danses baladines, se dansaient à la cour et dans les châteaux, par nos aïeules du siècle dernier, et qui ont une tendance à revenir.

*
* *

Le pas de qua re. — Cette danse américaine, venue d'Angleterre, s'est introduite en France dernièrement, grâce à son pas facile et gracieux, dit : pas de quatre.

Théorie. — La dame ayant mis la main gauche dans la droite du cavalier, danse avec celui-ci, côte à côte, les quatre premières mesures (seize pas).

Tous les deux avancent ensuite de trois pas ; la dame commence avec le pied droit et le cavalier avec le pied gauche ; les danseurs lèvent alors légèrement : la dame, le pied droit, le cavalier le pied gauche, et, sur le pied posé, font un petit saut.

Ce mouvement se répète exactement en partant du pied opposé. La dame avec le gauche, le cavalier avec le droit.

Après le petit saut les deux tours sont répétés pour compléter les quatre premières mesures.

Ces deux tours sont aussitôt suivis de quatre mesures de valse, et le même pas recommence en revenant à la position première.

*
* *

Le Cotillon. — Le cotillon, quoique se dansant depuis longtemps, doit être expliqué ici, par la place prépondé-

rante qu'il s'est faite ces derniers temps. Le nombre
des personnes nécessaires pour l'exécution des multiples
figures qui le composent, fait que tout le monde peut y
prendre part sans crainte de ridicule.

Telle dame, que son âge empêche de danser, pourra
ici le faire, car elle se rend nécessaire et utile.

Il est très difficile d'avoir un bon conducteur de cotillon.
Le marquis de Caux était le conducteur en titre des co-
tillons de l'impératrice Eugénie. Je me rappelle également avec quel brio le neveu de l'ambassadeur d'Au-
triche, M. d'Apponyi, savait conduire un cotillon. Tout
cela ne me fait pas bien jeune, mes chères lectrices.
Mais l'âge mûr a tout de même ses charmes, en ce sens
que l'on fait bénéficier de son expérience les générations
qui vous suivent.

Ce tribut payé à la mélancolie, je commence la :

Théorie du Cotillon (1).

Les vis-à-vis (fig. 1). — Plusieurs couples peuvent
exécuter cette figure en même temps.

Un cavalier quitte sa dame et va chercher deux dames
pendant que celle-là va chercher deux messieurs. Ils se
placent en face l'un de l'autre, se tenant au milieu des
personnes prises, et vont tous en avant et en arrière.

Au signal du cavalier conducteur on s'élance et chaque
cavalier valse avec la dame qui se trouve en face de lui

(Fig. II)

Le cavalier conducteur va chercher deux dames, sa

(1) On peut supprimer, dans le cotillon, les figures que l'on ne
peut faire faute d'espace ou de danseurs.

dame, deux messieurs. Ils se placent comme dans la figure précédente, s'avancent lentement et là, la dame lève les bras en tenant la main des deux messieurs. Les deux dames qui sont vis-à-vis abandonnent le conducteur, passent sous les arceaux ; la dame abandonne les deux messieurs et les trois dames forment un groupe en arrière, tandis que les trois messieurs en forment un autre.

Les deux groupes se faisant vis-à-vis, le cavalier conducteur frappe des mains, on s'élance en avant et l'on valse avec la personne qui vous fait vis-à-vis.

La Corbeille. — Le cavalier qui fait la figure va chercher deux dames, sa dame, deux messieurs.

Après s'être placés vis-à-vis l'un de l'autre, entre les personnes choisies et les tenant par la main, ils s'avancent lentement. La dame tenant les messieurs lève les bras, pour que les dames de son vis-à-vis passent dessous et se prennent la main derrière elle sans pour cela quitter leur cavalier.

Pendant que les dames exécutent ce mouvement, les messieurs font de même en se tenant derrière le cavalier, sans quitter leur dame.

Le cavalier conducteur et sa dame se trouvent dans cette position presque nez à nez. Ils se baissent et passent, sans quitter les mains, la dame sous les bras des deux autres dames, le cavalier sous celui des deux autres messieurs. Le conducteur fait un signal ; les bras se décroisent en formant un rond ordinaire et chacun valse avec la personne qui lui fait vis-à-vis.

Les Gages. — Une dame, se servant d'un chapeau ou d'une corbeille, va demander un gage à chaque dame. Ces gages sont distribués par elle à des messieurs qui

valsent avec les dames propriétaires du gage qui leur a
été remis.

Les Fleurs et les animaux. — Un cavalier fait choisir,
à deux dames qu'il est allé chercher, un nom de fleur :
Violette et Pervenche, par exemple. Il se dirige ensuite
vers un autre cavalier et lui demande sa préférence. Le
cavalier valse avec la fleur choisie ; le cavalier conducteur
avec la fleur qui reste.

Quand la dame du cavalier fait la figure, elle répète la
même chose avec deux messieurs en leur faisant choisir
deux noms d'animaux qu'elle offre ensuite à une dame.

Cette figure peut se faire à plusieurs couples à la fois.

Les Ronds (1ʳᵉ fig.). — La dame du cavalier conducteur
est placée au milieu du salon. Son cavalier va chercher
une dame et un monsieur avec lesquels il vient tourner
autour de sa dame ; celle-ci choisit un des deux cavaliers pour valser, la seconde dame valse avec le cavalier
refusé.

(2ᵉ fig.). — Un cavalier prend deux dames, et sa dame,
deux messieurs. Ils se mettent en face l'un de l'autre,
forment deux ronds et tournent rapidement.

A un signal donné, le cavalier passe, sans qu'on se
quitte les mains, sous les bras des deux dames qu'il a
prises ; sa dame fait la même chose avec les deux messieurs ; les groupes s'avancent l'un vers l'autre, les mains
se défont et chaque cavalier valse avec la dame qui lui
fait face.

Le grand rond. — Le cavalier-conducteur va chercher
plusieurs dames qu'il place debout autour du salon, en
laissant un espace vide entre chacune d'elles. Ensuite, il
place en grand rond tous les messieurs du cotillon.

Les dames entrent dans ce rond, choisissent le cavalier qu'elles préfèrent et valsent avec lui en dehors du rond.

Quand toutes les dames ont fait leur choix, le conducteur frappe des mains et les messieurs refusés regagnent
leur place.

Les quatre coins. — Quatre dames sont placées, debout, aux quatre coins du salon.

Le cavalier conducteur fait faire un rond de cinq messieurs, en leur recommandant de se tenir par la main et
de tourner rapidement.

A son signal, les cavaliers abandonnent les mains, se
retournent, et chacun, choisissant rapidement une dame,
valse avec elle.

Le cinquième cavalier, qui n'a pas de dame, retourne
à sa place.

Les deux dames présentées. — Une chaise est placée
par le cavalier conducteur au milieu du salon; il prie
une dame de s'y asseoir. Ensuite, il dit au cavalier de
cette dame d'aller chercher deux messieurs.

Le cavalier revient présenter à sa dame les deux val-
seurs, elle en choisit un avec lequel elle valse.

Le cavalier refusé s'assoit sur la chaise; celui faisant
la figure, va chercher deux dames qu'il lui présente; celui-ci en choisit une, tandis que l'autre danse avec le cavalier faisant la figure.

Le coussin. — Le cavalier faisant figure, ayant fait
asseoir sa dame, met un coussin à ses pieds et lui présente un cavalier qui doit s'agenouiller dessus.

Si la dame ne veut pas du cavalier pour valseur, elle
retire vivement le coussin, de manière à ce que le danseur s'agenouille à terre.

Le cavalier de la dame va chercher un autre monsieur, et cela se continue jusqu'à l'acceptation d'un valseur, qu'elle laisse, dans ce cas, s'agenouiller sur le coussin et avec qui elle valse.

Pendant ce temps, les autres dames continuent le jeu, jusqu'à ce que toutes l'aient fait.

Si les dames sont nombreuses, on place plusieurs chaises.

La course assise. — Deux chaises sont placées dos à dos au milieu du salon par le cavalier conducteur : sur l'une, il fait s'y asseoir une dame; sur l'autre, un monsieur.

Ensuite, il prie une dame d'aller chercher deux danseurs, et de se placer, à une certaine distance, en face du cavalier assis entre les deux messieurs.

Il dit ensuite à un danseur de choisir deux dames, et il prend la même position vis-à-vis de la dame assise.

Les personnes ainsi placées marchent en avant et à reculons. Au signal du conducteur, chacun s'élance pour valser avec la personne qu'on a devant soi.

Les dames assises. — On place huit chaises dos à dos. Quatre dames s'y asseoient en laissant entre elles une chaise vide.

Dix à douze messieurs font cercle autour de ces dames en se tenant par la main; ils tournent rapidement. A un signal du conducteur, les mains sont lâchés et ils tâchent de s'asseoir sur les chaises libres. Seuls, ceux qui ont réussi ont le droit de valser avec la dame qui est à leur droite; les autres regagnent leur place.

L'éventail. — Le conducteur du cotillon place trois chaises au milieu du salon, la chaise du milieu tournée

en sens opposé. Sur cette chaise, il y fait s'asseoir une
dame et sur les deux autres deux danseurs.

La dame donne à garder son éventail à celui des deux
avec lequel elle ne veut pas danser et valse avec l'autre.

Les volte-face. — Un couple se lève. La dame, suivie
par derrière de son cavalier, court en chercher un autre.
En s'approchant, elle fait une révérence, celui-ci se lève ;
la dame et le premier danseur font volte-face à nouveau et
celui-ci se dirige vers une dame suivie de deux autres ; la
dame se lève ; nouvelle volte-face qui met en tête de la
file un cavalier, qui se dirige vers une autre dame ; toutes
les personnes le suivent toujours. La nouvelle volte-face
qui a lieu met en tête une dame qui, à son tour, va chercher un cavalier.

La figure se continue ainsi jusqu'au signal du conducteur. Alors, les cavaliers seuls se retournent et chacun
valse avec la dame qui lui fait face.

Le rond déployé (une figure générale). — Cette
figure se fait avec autant de couples que l'on désire. Le
conducteur dit aux danseurs, l'un après l'autre, d'aller
choisir une dame ; aux dames, un cavalier. Tout le
monde forme un grand rond, les dames placées à droite
de leurs cavaliers.

Le cercle se rétrécit sur un signal du conducteur. Les
messieurs se donnent la main au-dessus des dames ;
celles-ci en font autant en dessous.

Le cavalier dirigeant la figure sépare les mains d'un
cavalier et de la dame placée à sa gauche, et tout le
monde se recule sur le centre en alignement. Les danseurs lèvent les bras, les dames en profitent pour se
sauver en se glissant dessous. Les messieurs les ra-
trapent et, au hasard de la prise, les couples valsent.

La pyramide du triangle. *(figure générale).* — Les dames sont placées de distance en distance, les rangs en triangle. Une dame à la tête ; deux dames au second rang ; puis, trois, quatre, ainsi de suite, jusqu'à ce que toutes les dames y soient employées.

Tous les danseurs se lèvent, se donnent la main et sont entraînés autour de la pyramide. Ils passent ensuite entre les rangs des dames en commençant par la base de la pyramide. Arrivé au sommet, le conducteur frappe des mains, et, chaque danseur s'emparant d'une danseuse, la valse est générale.

La course. — Un grand salon est indispensable pour faire la figure de la course.

On choisit trois dames que l'on place deux à chaque coin du bout du salon, la troisième au milieu d'elles.

Au bout opposé, on place une rangée de cinq à six danseurs. Ceux-ci se prennent un pied dans la main et, au signal donné, ils vont à cloche-pied vers les dames. Les plus agiles, c'est-à-dire les premiers arrivés, valsent avec les dames, les autres retournent à leur place.

Cette figure se fait également en liant les pieds des danseurs ou en les mettant dans des sacs jusqu'à hauteur des chevilles ou des genoux.

Le miroir. — On donne un miroir à une dame qu'on a fait s'asseoir au milieu du salon.

On lui adresse un cavalier qui se présente derrière elle.

La dame le regarde dans le miroir. Si le cavalier lui plaît, elle danse avec lui, cédant sa place à une autre dame. Différemment, elle passe la main su. .e. .roir, le danseur se retire, et on lui en adresse au. .

Les zigzags. — Plusieurs couples se lèvent, se placent

au milieu du salon derrière les autres, en ayant soin de laisser entre eux une certaine distance.

Le couple de tête part, en valsant et serpentant entre les rangs jusqu'au dernier, derrière lequel il se place.

Chaque couple en fait autant; au dernier une valse générale s'ensuit.

Si les couples sont nombreux, dès que celui de tête est parvenu au 4ᵉ rang, celui qui le remplace part. De cette manière, trois ou quatre couples valsent en même temps autour des autres.

La chaîne libre. — Trois dames sont placées à distance au milieu du salon. Trois cavaliers dansent en rond autour de la première, lui faisant face, puis autour de la seconde lui tournant le dos ; puis face pour la troisième.

Ceci fait, les danseurs se mettent en ligne en face les dames, avec lesquelles les danseurs valsent.

L'allée couverte. — Cavaliers et dames se réunissent tous et se placent en ligne, de manière que chaque danseur ait sa dame en face de lui, et la tienne par les deux mains. Les danseurs des couples pairs doivent être d'un même côté, et *vice versa*.

Ils se donnent ensuite les mains par-dessus, et les dames en font autant en dessous.

Puis, les cavaliers élèvent les bras en l'air ; alors le conducteur du cotillon fait sortir toutes les dames de l'allée, puis il y entre seul, emmenant la chaîne, de manière que toutes les dames se trouvent changées de place. Suit une valse générale.

Le carrousel. — Un des danseurs fait choix d'une dame en lui fixant un ruban sur l'épaule gauche. Un autre cavalier, qui est prié de choisir aussi une dame, fait tous ses efforts pour attraper le ruban, sans cesser de valser, tandis que le premier fait tours et détours pour l'en empêcher.

Lorsqu'il l'a attrapé, il le place de même sur son épaule, et la même poursuite continue par un ou deux couples si le salon est grand, ce qui rend la course plus difficile.

Le double rond déployé. — Plusieurs messieurs sont priés d'aller chercher des dames, tandis que les dames cherchent des cavaliers. Lorsque les choix sont faits, ils se divisent ainsi en deux groupes, de manière à former deux ronds aux extrémités du salon ; puis les dames de chaque rond se donnent les mains par-dessus, et les messieurs par dessous.

Le conducteur brise ensuite les deux ronds au milieu, et tout le monde se trouve ainsi sur deux lignes se faisant vis-à-vis.

Enfin il prie les dames d'élever les bras, tandis que les cavaliers, vivement, s'échappent au dessous pour danser avec les dames de l'autre ligne.

Le conducteur frappe des mains.

Le berceau. — Quatre couples se réunissent, les messieurs sur une seule ligne, tenant leur dame devant eux, par les mains, puis on se lâche, et les deux lignes s'écartent.

Les cavaliers se donnent les mains en formant ainsi un carré ; ceux qui se trouvent près des dames tiennent les bras levés.

Les danseuses tournent en rond, et deux d'entre elles se glissent sous les bras des deux autres, et s'avancent ainsi jusque dans le carré des cavaliers.

Tout le monde frappe des mains, et valse.

Les arcades (figure finale sur la polka). — Lorsque tout le monde se trouve réuni en un grand rond, les messieurs sont priés de quitter leurs dames, et de venir former un autre rond intérieur, en se tenant par la main, les bras levés.

Puis les dames se donnent aussi la main, tandis que l'orchestre entonne une polka.

Le conducteur, entraînant ensuite la ligne des dames, serpente sous les bras des cavaliers, pénètre enfin dans leur rond tandis que les dames en font un autre au dehors. Puis le conducteur fait tourner ces deux ronds en sens opposés.

Il frappe dans les mains, et à ce signal chaque danseur polke avec la dame qui lui fait face. Pour plus de cadence, l'orchestre n'exécute que quelques mesures.

Le chat et la souris. — Tout le monde est réuni en un grand rond : une dame entre dans le cercle, et désigne un danseur qui doit en rester en dehors.

A un signal donné, le danseur court après la dame qui serpente sous les bras des cavaliers, entre et sort dans leur rond, tandis que ceux-ci, tournant toujours, lui facilitent sa course, et empêchent le danseur de l'attraper.

Lorsqu'il y parvient, il danse avec elle. On peut répéter plusieurs fois cette figure, en la faisant faire par d'autres; puis suit une valse générale. On peut aussi terminer par la figure des Arcades.

Le labyrinthe. — Tout le monde forme un rond, chaque danseur ayant sa dame à sa droite.

Le conducteur brise alors le rond, sans séparer les couples, entre une dame à gauche et un danseur à droite.

DANSE DU MENUET, DANS UN BAL LOUIS XV
Voir chapitre, page 137.)

Il prend la main du danseur, et l'entraîne avec les autres personnes dans le rond, tournant toujours en spirale sans aller vite, et rétrécissant toujours ses tours.

Lorsqu'il est au milieu, il prie le danseur qu'il tient par la main de sortir de ce labyrinthe en valsant entre les lignes avec sa dame, et, lorsqu'il est à la fin du rond, de prendre la main de la dernière dame, de se rejoindre ainsi à tous les danseurs.

Dès que ce couple est parti, le conducteur, toujours au milieu, a pris la main du second cavalier qu'il a retenu en tournant.

Puis, le premier couple étant déjà éloigné, il fait suivre le second en valsant toujours, et ainsi de suite jusqu'au dernier. Le premier couple, qui finit par se retrouver au milieu, est alors entraîné avec la suite, par le conducteur, sous les bras des danseurs, jusqu'à ce qu'il soit sorti du labyrinthe.

Alors celui-ci, tirant tout le monde en courant, les danseurs se trouvent tous réunis et se rejoignent pour former un grand rond. La figure peut se terminer par les arcades ou le galop.

Les quatre couples. — Quatre cavaliers et quatre dames se placent vis à vis en carré, séparés chacun par une petite distance. L'un des couples part, et valse successivement autour des trois autres. Chaque couple en fait autant à son tour, et s'ils sont bons danseurs, ils peuvent exécuter la figure en tournant à l'envers.

Les quatre chaises. — Quatre chaises sont placées en carré en face l'une de l'autre, et quatre personnes assises dessus. Puis quatre couples se placent chacun derrière une chaise, le conducteur donnant le signal, chaque couple valse autour de sa chaise, et passe vivement aux

trois autres ; ils laissent ensuite passer d'autres couples.
Pour bien exécuter cette figure, il faut avoir soin de bien
conserver les distances.

Les ronds continus (figure finale sur la polka). —
Les dames sont placées deux par deux, les unes derrière
les autres, et les cavaliers font de même, faisant face
aux dames.

Le premier rang de ceux-ci, avec les deux premières
dames, font un rond ; puis, les cavaliers levant les bras,
les dames passent par-dessous et vont tourner comme
précédemment avec les cavaliers suivants, puis ainsi de
suite avec tous les autres, tandis que les premiers messieurs font de même avec toutes les dames qui suivent.
Lorsque les dames ont tourné avec les derniers cavaliers,
elles se mettent en une ligne ; les messieurs font de même.
Lorsque les deux lignes sont formées, elles vont en avant,
puis en arrière, et enfin les messieurs s'élancent au signal donné pour danser avec la dame qui leur fait face.
On n'exécute généralement cette figure que sur la polka.

Le galop. — Lorsque tout le monde est en rond, le
conducteur choisit un couple et le met à un bout du
salon, le danseur à sa gauche, la dame à sa droite, se
faisant vis-à-vis et se tenant les mains.

Tous les couples en font autant. L'orchestre recevant
le signal du galop, le premier couple passe, en galopant,
sous les bras levés des autres ; arrivé au bout il se replace
vite en se donnant les mains ainsi que tous les autres
couples. Au fur et à mesure que les couples filent, ceux
qui ont les bras levés cèdent leur place aux suivants, et
la figure se continue jusqu'au signal du galop général,
et on ne repart que de l'endroit d'où étaient partis les deux
premiers danseurs.

Les danses nobles.

Voir gravure, page 133.)

Le menuet. — Le menuet se compose de trois mouvements et d'un pas marché.

Cette danse occupa le premier rang pendant tout le dix-huitième siècle.

Le premier mouvement consiste en un demi-coupé du pied droit et un de gauche ; il est suivi d'un pas marché du pied droit, sur la pointe, et les jambes étendues.

A la fin de ce pas, vous laissez doucement poser le talon droit à terre pour laisser ployer le genou. C'est le deuxième mouvement.

Le ployer du genou dans ce mouvement vous fait lever la jambe gauche, laquelle passe en avant en faisant un demi-coupé échappé ; c'est le troisième mouvement qui vous ramène à la position première.

Deuxième manière de danser le menuet.

Ayant le pied gauche devant, vous portez le poids du corps sur ce pied, vous rapprochez le pied droit de gauche. Vous ployez la jambe gauche sans poser le pied droit que vous portez en avant ; vous vous élevez en faisant ce mouvement sur la pointe du pied gauche et vous posez le talon droit à terre.

Dans cette position, vous ployez la jambe droite, vous levez le pied gauche que vous portez en avant. Vous vous levez sur ce pied et marchez les deux autres pas sur la pointe des pieds, en appuyant sur le talon au dernier pas pour prendre votre pas de menuet avec plus d'aplomb.

La chaconne. — Cette danse obtint une très grande vogue sous Louis XIII et Louis XIV. Voici comment elle se dansait.

8.

1° Le pied gauche devant et supportant le poids du corps, la jambe droite s'approche derrière. Vous ployez les jambes et vous vous redressez en sautant sur le pied gauche ; ensuite la jambe droite se porte soit derrière, soit devant, pour aller du côté droit.

2° Vous prenez le contraire de ce mouvement, c'est-à-dire vous sautez sur le pied droit pour aller du côté gauche.

La pavane. — La pavane se dansait à la Cour de Catherine de Médicis, accompagnée du tambourin.

On marchait en glissant sur la pointe du pied, un pas par temps de musique. Celle-ci à quatre temps, d'un rythme lent. On commençait du pied droit.

La deuxième mesure, on repartait du même pied terminant la première, c'est-à-dire le gauche. Le quatrième pas de chaque mesure est allongé. Légèrement élevé, la jambe en avant.

Cette danse est exécutée par deux couples.

Les cavaliers, placés en face de leurs dames, font un salut en faisant un quart de cercle à droite, et les dames une révérence en faisant un quart de cercle à gauche ; puis ils se donnent la main (la main gauche de la dame dans la droite du cavalier), les bras allongés, légèrement arrondis. Dans cette position, les couples s'avancent au-devant l'un de l'autre. Le cavalier conduit sa dame au centre ; parvenu là, il frappe légèrement le sol (quatre fois une mesure) de la pointe du pied droit, fait un pas à gauche ; et il fait de même avec le pied gauche. Puis il exécute un pas coupé à droite, un autre à gauche. Les dames changent de place avec les cavaliers en faisant un pas marché. Ensuite, pas coupé suivi d'un balancé par changement de main et de place, en exécutant une pirouette.

Les dames, à leur tour, se tenant écartées, s'avancent l'une vers l'autre ; elles font quatre pas à droite, révérences gauche et droite, et changent de cavalier, aller et retour.

Enfin les cavaliers et les dames font deux saluts et révérences, tournent, et chaque cavalier allonge le pied gauche en avant, tend le jarret et porte la pointe du pied à terre. Il prend avec sa droite la main gauche de sa dame en l'élevant au-dessus des épaules et en arrière. La dame allonge le pied droit et tend la jambe. On fait un balancé en reprenant sa place primitive. Les dames tournent à droite, les cavaliers à gauche, et la pavane se termine par un salut et une révérence à droite et à gauche.

GUIDE
DE L'HOMME DU MONDE

GUIDE DE L'HOMME DU MONDE

Règles générales que doit observer un Homme du Monde.

Un jeune homme qui va pour la première fois dans le monde ne doit pas oublier que l'habit et les gants sont de rigueur. La qualité qui lui est indispensable est d'être bon danseur. Il faut qu'il ajoute à cette qualité la simplicité, la modestie, et qu'il cherche à s'effacer.

Ses mouvements, ses poses, doivent être naturels, sans affectation. Son verbe ne doit être ni trop bas, pour éviter qu'on le fasse répéter; ni trop haut, pour ne pas gêner la conversation des voisins.

Il ne saurait trop s'empresser auprès des dames, tout en évitant de les gêner ou de froisser leur toilette.

Il doit être également aimable pour toutes, quels que soient leur âge et leur beauté.

Au point de vue de sa situation, le rôle d'un jeune homme, dans le monde officiel ou administratif, ne saurait également être trop observé. Si, récemment arrivé dans une ville de province, il est l'objet de nombreuses présentations; il est d'un suprême intérêt pour lui qu'il

observe soigneusement toutes les règles du savoir vivre.
Il doit, avec beaucoup de tact, être circonspect dans ses
relations, ne frayer jamais avec des personnes d'une
coterie autre que la sienne.

Pour se bien faire valoir d'un cercle d'amis, un jeune
homme doit avant tout y apporter l'esprit de la société
de ces personnes, c'est-à-dire avoir en quelque sorte
les mêmes goûts, les mêmes habitudes, etc., etc.

La manière de se poser dans le monde.

Un jeune homme qui veut se poser dans le monde doit
toujours avoir présent à l'esprit le proverbe : *Dis-moi
qui tu fréquentes, je te dirai qui tu es.*

C'est pour cela que, s'il veut être admis dans les plus
honorables familles de la ville où il réside, il lui faudra
bannir de ses relations les jeunes gens évaporés, de vie
légère, et ne pas aller dans les lieux de plaisir mal ré-
putés.

Il faudra qu'il évite également toute ostentation dans
ses manières, sa mise, et toute exagération dans l'expression de ses sentiments. En un mot, pour se faire désirer
et rechercher dans la société, c'est l'observation des
règles du savoir-vivre, bien plus que la fortune, qui ne
joue ici qu'un rôle secondaire, qui le lui permettra.

Fiançailles, mariage, garçon] d'honneur, entrée en ménage.

C'est aux parents de la jeune fille que l'on doit faire la
demande en mariage. Cette demande se fait par les

parents du jeune homme; à défaut de ceux-ci, par un ami bien posé dans le monde, ou par soi-même.

Il faut avoir soin de fournir, sans qu'on ait la peine de vous les demander, tous les renseignements sur votre situation, position de fortune, etc. C'est parce que ces négociations préliminaires sont très délicates qu'il est nécessaire d'employer un intermédiaire pour les discuter.

Quand tout a été convenu, vous êtes considéré comme accepté. Un repas, appelé repas de fiançailles, est donné par les parents de la jeune fille. Vous envoyez à votre fiancée un bouquet de fleurs blanches, et vous lui remettez, après le repas, l'anneau des fiançailles.

Maintenant, vous avez le droit de visiter votre fiancée tous les jours, si cela vous plaît. Il est d'un homme bien élevé de faire précéder ses visites par l'envoi d'un bouquet. Les fleurs en seront blanches au début; ensuite vous offrirez des fleurs roses jusqu'à la veille du mariage où elles pourront être rouges. Le plus grand savoir-vivre est imposé pour ces visites; elles ont lieu en présence de la maman, et lorsque celle-ci se retire en laissant la porte ouverte, il serait incivil de la fermer.

Le bouquet de fleurs d'oranger s'envoie le jour du mariage, le matin, avant le départ pour la cérémonie.

Quelques jours après le repas des fiançailles, vient la signature du contrat. C'est ce jour-là que vous donnez la corbeille de mariage. Elle est composée d'étoffes, de bijoux : bagues, bracelets, montres, boucles d'oreilles, chaînes, brillants, etc., suivant votre état de fortune. Le bon goût ne veut pas qu'on choisisse des objets lourds, mais de style élégant et bien ouvragés. Avant l'achat de la corbeille de mariage, il faut s'inspirer, auprès de votre belle-mère, des goûts de votre fiancée. Le bal qui suit le repas de la signature du contrat est ouvert par le fiancé et la fiancée. Vous devez ensuite faire

9

danser toutes les dames, parentes de votre future épouse, qui assisteraient à ce repas, en commençant par votre future belle-mère. En compagnie de votre future femme, vous devez remercier les invités avant que ceux-ci quittent le bal.

Après la signature du contrat, vous vous occupez d'un appartement et du mobilier; le choix doit être fait par votre future, car le rôle d'intérieur étant attribué à la femme, c'est à celle-ci que revient le droit de se constituer un nid à sa convenance.

Les frais de voiture et de cérémonie, le jour du mariage, incombent au mari.

Le garçon d'honneur, auquel vous avez remis la liste des invités, est chargé des formalités à remplir pour ce cérémonial. C'est lui qui adresse les voitures chez les divers invités, qui ouvre les portières, pour faire descendre les invités, qui va chercher la demoiselle d'honneur et sa famille; c'est lui également qui, le soir, ouvrira le bal avec la demoiselle d'honneur.

Un usage, qui tend à se répandre, permet au garçon d'honneur de s'attacher des flots de rubans à l'épaule gauche.

L'usage veut également qu'il apporte un bouquet à la demoiselle d'honneur, le jour que les parents de celle-ci l'invitent à un dîner. C'est pour cela qu'il est indispensable, avant d'arrêter définitivement ses garçons d'honneur, que ceux-ci soient présentés aux demoiselles d'honneur par les soins de votre fiancée, qui a préalablement soumis à leur acceptation et à celle de leurs familles leurs nom, position, etc.

Il est ausi indispensable que les garçons d'honneur soient célibataires.

Aussitôt accepté, le garçon d'honneur doit une visite à la demoiselle d'honneur pour la remercier de son acceptation et lui offre un bouquet de fleurs blanches.

Le jour de la cérémonie, le garçon d'honneur doit être un cavalier attentif, assidu, respectueux de sa demoiselle d'honneur.

En entrant et en sortant de l'église, il lui offre le bras; pendant la quête, il lui donne la main.

La première voiture du cortège contient la mariée, sa mère et son père.

La seconde voiture, le marié, son père et sa mère.

Dans les autres voitures viennent les parents, les garçons et les demoiselles d'honneur, les invités.

Ce n'est qu'après la cérémonie religieuse que le marié donne le bras à sa femme pour se rendre à la sacristie ; et, s'il n'y a pas de cérémonie religieuse, c'est après la cérémonie civile.

Après avoir signé sur le registre de l'état civil, quand votre future vous passe la plume, vous devez la remercier, en faisant suivre le remerciement du mot : madame. A partir de ce moment, vous ne l'appelez plus qu'ainsi.

A la bénédiction de l'anneau nuptial, vous retirez vos gants. En passant l'anneau au doigt de votre femme, vous lui faites une révérence.

Dans une maison où vous avez l'habitude de fréquenter, vous ne devez pas rompre brusquement vos relations si la demoiselle de cette maison vous a été refusée, mais vous devez espacer vos visites, jusqu'à les suspendre complètement.

On doit éviter de rencontrer la jeune personne que vous avez demandée en mariage, tant que les parents n'ont pas donné une réponse encourageante.

Les lettres de faire-part sont envoyées d'accord avec votre fiancée.

Une fois marié, vous devez d'abord visiter vos parents (voir le *Guide de la Femme du Monde*, chapitre : *Après le Mariage*) et faire un choix dans vos relations, si vous n'êtes pas dans les affaires. Vous ne devez fréquenter que les personnes que vous jugez dignes de recevoir chez vous. Un mari doit accompagner le plus qu'il peut sa femme dans ses visites et lui diriger ses relations.

Du devoir du Parrain et du Père le jour d'un Baptême.

Un parrain doit faire un cadeau à l'accouchée, soit d'accord avec la marraine, soit séparément, et un cadeau à l'enfant. Ces cadeaux consistent pour la mère en un objet d'art, et pour l'enfant en un ou plusieurs jolis objets au chiffre du bébé, sans oublier le hochet.

La veille du baptême, le parrain donne à sa commère quelques douzaines de boîtes de dragées, et un bouquet de fleurs blanches naturelles. Il lui fait également une visite pour prendre ses ordres pour la cérémonie du lendemain.

Vous pouvez appeler la marraine ma commère, mais il serait de mauvais goût de lui continuer cette appellation après le repas que les parents de la marraine vous ont offert.

Le père doit mettre à la disposition du parrain une voiture pour aller chercher la marraine. Il doit également donner à l'officiant une boîte de dragées contenant une pièce d'or ou d'argent.

La cérémonie du baptême est suivie d'un repas offert par le père au parrain et à la marraine.

Le parrain profite de cette occasion pour remettre des cornets de bonbons contenant un peu d'argent à la nourrice, à la garde, à la cuisinière et à la femme de chambre.

Un parrain doit aide et protection à son filleul.

Des relations d'un Homme du Monde.

Les relations, en général, d'un homme bien élevé doivent être telles qu'il ne craigne pas de les dévoiler à personne.

Dans un lieu public, au théâtre par exemple, un homme ne peut s'absenter un instant de sa loge que si la dame qu'il accompagne reste avec quelqu'un qui lui tient compagnie; son absence doit être de courte durée.

Se trouvant avoir une dame au bras, un homme du monde ne doit pas saluer une personne dont la conduite est connue irrégulière. Il doit toujours se montrer empressé et aimable auprès d'une dame, tout en évitant la fatuité.

Un célibataire qui désire recevoir doit prier la dame d'un de ses amis de bien vouloir faire les honneurs de son salon.

En entrant dans un lieu public, un homme doit toujours saluer, d'une manière générale, sans fixer personne.

L'Homme du Monde dans sa Famille.

Un homme qui n'applique les règles du savoir-vivre qu'avec les étrangers et les oublie dans sa famille n'est pas un homme du monde; il n'en a que le vernis.

Un mari doit toujours être poli et respectueux envers sa femme. Il ne doit jamais passer devant elle sans s'en excuser, et son devoir est de lui éviter la peine qu'il peut lui épargner. Il doit éviter de se servir de mots grossiers, de laisser libre cours à ses infirmités, mais il doit, au contraire, toujours conserver la retenue et la bienséance qu'il avait au temps des fiançailles.

Beaucoup de ménages sont malheureux parce que les hommes se croient tout permis après le mariage. C'est un grave tort, car vous éloignez de vous votre femme, et vous la rendez malheureuse sans vous en douter.

Les femmes sont ce que les hommes les font. Laissez donc toujours à votre femme ses illusions, et après avoir eu une amante en elle, vous aurez toujours la plus précieuse des amies.

Respectez toujours la croyance de votre femme ; ne la diminuez pas par vos propos ; ne heurtez pas violemment ses sentiments, mais prenez-la par le cœur, faites-lui sentir qu'elle est aimée, et vous ferez d'elle ce que vous voudrez.

Vous ne devez pas également oublier d'associer votre femme à vos espérances, à vos joies comme à vos doutes et à vos défaillances. Ne craignez pas de lui demander conseil. Peut-être bien qu'elle n'aura pas comme vous la pratique des choses, mais elle en aura le sentiment, l'intuition, qui lui fera deviner ce qu'elle ignorera, et vous vous en trouverez bien. Vous lui donnerez, en faisant cela, la meilleure preuve de considération dont elle puisse vous savoir toujours gré.

Dans un dîner de famille, un jeune homme doit faire le sacrifice de sa soirée. Etant avec sa sœur, il doit se montrer pour elle plein de bienveillance, de respect et de dévouement. S'il agissait différemment, il agirait en grossier personnage.

Dans la promenade, un jeune homme donne le bras à sa mère, plutôt qu'à sa sœur.

Un mari, étant avec sa femme et sa belle-mère, doit offrir le bras à celle-ci ; car c'est témoigner de l'affection à sa femme que d'avoir des égards pour sa mère. Un mari ne quitte pas le bras de sa femme pour l'offrir à sa sœur ou à sa belle-sœur, si elles ne sont pas mariées et que sa femme n'ait pas de cavalier.

Si vous recevez une dame ou que vous soyez reçu dans une famille, vous devez offrir votre bras à cette dame ou à la maîtresse de maison pour vous rendre du salon à la salle à manger, mais jamais à votre femme, à moins que les circonstances vous laissent seuls.

Des Réceptions, Visites, et des Cartes de Visite.

Un maître de maison qui reçoit, doit se mettre en habit et doit toujours, aidé de sa femme, savoir se sacrifier pour ses invités et se multiplier.

Quand il veut témoigner sa grande déférence pour un invité, il l'accompagne à sa sortie jusqu'au bas de l'escalier.

Un jeune homme, s'il fait une visite dans une maison où se trouvent des jeunes filles, doit les faire courtes et espacées, afin de ne donner prise à aucune supposition.

S'il est invité pour une première fois dans une famille, il s'empressera auparavant de remettre sa carte chez ces personnes.

Si votre rôle, au lieu d'être invité, consiste à être amphitryon, vous devez, dès que le domestique annonce : *Madame est servie* en ouvrant les deux battants de porte de la salle à manger, offrir le bras à la dame la plus qualifiée et passer en tête dans la salle.

Si vous n'avez pas donné à chacun de vos convives, sur une carte, le nom de la dame à laquelle il doit offrir le bras, vous ou votre femme donnez verbalement cette indication.

Vous devez avoir toujours le droit de présenter chaque convive aux dames qui seront leurs voisines de table.

Présentations (Suite des visites et cartes de visite).

Quand vous présentez deux personnes l'une à l'autre, celles-ci sont debout.

Vous présentez d'abord la plus jeune, celle de position inférieure ; l'homme, si.c'est à une dame que la présentation soit faite, en le nommant : *Permettez-moi de vous présenter Monsieur X**** ; puis ensuite vous nommez simplement l'autre : *Madame une Telle* ou *Monsieur un Tel.*

Les personnes présentées s'inclinent en signe de déférence.

Dans une réunion nombreuse, à moins d'en avoir été sollicité, vous ne présentez pas, mais on se contente de nommer la personne qui entre par les soins du domestique chargé de l'introduction des visiteurs.

Quand un personnage illustre, célèbre, très connu, assiste à la soirée, on ne le présente pas, mais on lui présente les autres visiteurs.

Quand on est obligé de se présenter soi-même, on donne ses prénom et nom sans les faire précéder du mot *Monsieur.* Car il serait ridicule et plein de suffisance de dire : *Je suis Monsieur un Tel.*

La poignée de main, étant une preuve de sympathie, n'est pas toujours donnée à un homme qui vous a été présenté ; mais vous lui devez le salut.

Un homme en visite chez une dame ne doit jamais être accompagné d'un chien, à moins d'en avoir été prié.

Si, tandis que vous êtes dans le salon, une dame entre,

vous devez vous lever, saluer, et ne vous rasseoir qu'après cette dame.

Le chapeau ne doit être remis en sortant que lorsqu'on est dans l'escalier.

Si deux hommes se rencontrent ensemble, en visite chez une dame, ils doivent, autant que possible, se retirer ensemble, à moins d'être invités à rester par la maîtresse de maison.

Les premiers arrivés doivent partir les premiers.

Dans un salon où il y a affluence, afin de ne pas embarrasser la maîtresse de maison dans l'offre de sièges qui peuvent lui faire défaut, on doit prendre congé dès que l'on s'aperçoit d'une gêne.

Un homme du monde, au moment du jour de l'an, doit déposer dans une famille autant de cartes de visite qu'il y a de personnes.

Quand un jeune homme a été invité à aller dîner chez des personnes auxquelles il a été présenté, il doit aussitôt déposer sa carte chez ces personnes.

On doit faire un cadeau, au jour de l'an, à toute personne chez laquelle vous avez accepté à dîner, votre position de célibataire ne vous ayant pas permis de rendre cette politesse.

Les marrons glacés ou des jouets pour les enfants sont généralement admis; et si on y dîne souvent, on doit donner des étrennes en argent aux domestiques.

Les cartes de visite doivent également s'envoyer dans toutes les circonstances heureuses ou malheureuses qui arrivent aux personnes que vous connaissez.

On ne met plus que les prénom et nom sur une carte de visite, sans les faire suivre d'aucune indication de position sociale.

(Voir le chapitre : *Les Cartes de visite, dans le Guide de la Femme du Monde.*)

Les Usages du Monde à table.

Dans une maison où vous êtes invité à dîner, vous devez arriver un quart d'heure avant le repas.

Pour passer à table, un homme offre toujours le bras droit à une dame et la conduit à sa place où son nom est inscrit sur le menu.

On ne s'assied qu'après ses voisines et après la maîtresse de maison.

Les hommes âgés passent les premiers, les jeunes gens ensuite.

Quelques éloges discrets sur la qualité des mets ou des vins ne sont pas déplacés.

La serviette se place sur les genoux.

On doit manger de tout sans jamais rien laisser dans son assiette, tout en évitant de la nettoyer en frottant la sauce avec son pain.

A la fin du repas, vous ne devez laisser aucun morceau de pain, ni aucun vin au fond des verres.

Vous devez donc connaître les besoins de votre estomac pour ne prendre que ce qui lui est nécessaire.

Cet usage de ne rien laisser se perdre vient de ce qu'il serait monstrueux que de la nourriture fût perdue, alors qu'il se trouve des malheureux qui manquent du nécessaire, et qu'il serait humiliant pour les domestiques de leur faire manger ou boire ce que les invités ont laissé dans leurs assiettes et verres. Le devoir des amphitryons consiste à remettre dans une maison hospitalière les reliefs que l'on ne veut pas servir une seconde fois, afin d'en faire profiter les malheureux que secourt cette maison.

Vous devez vous tenir à table d'une façon commode,

sans vous appuyer sur le dossier du siège, en vous renversant, ni voûter le corps vers la table ; il ne doit y avoir que les avant-bras qui s'appuient sur elle.

Le pain se rompt ; les viandes se découpent ; les fruits se pèlent et se mangent par tranches quand ce sont des poires, pommes, pêches, etc. La salade, qu'il était permis autrefois de prendre avec les doigts, se mange maintenant avec la fourchette.

L'on ne doit boire que la bouche vide de tout aliment ; s'il survient une suffocation, vous devez porter immédiatement votre serviette à la bouche et vous retourner.

Avant de boire, vous devez toujours vous essuyer la bouche et les doigts, afin que le cristal de votre verre soit aussi limpide à la fin qu'au commencement du repas.

On ne doit pas souffler sur son potage, ni soulever l'assiette pour faire place nette.

Les asperges se mangent en les prenant avec les doigts.

Le poisson se prend avec la fourchette seule, de même que les légumes.

Les fruits se pèlent en les piquant avec la fourchette à dessert et en long, en se servant du couteau à dessert.

Si vous partagez un fruit, il faut offrir la moitié où adhèrent le noyau ou la queue.

Pour retirer une arête ou sortir un noyau de la bouche, vous le laissez tomber dans la main droite repliée en cornet, et vous le posez dans votre assiette.

Avant de sortir de table, vous ne devez pas plier votre serviette.

Manières de saluer.

Pour saluer dans la rue, un homme bien élevé lève son chapeau de la main droite, le bras demi-tendu, et avance la main gauche si le salut doit être suivi de la poignée de main. Il faut éviter le simple signe de tête dont la vulgarité est choquante. Si le salut s'adresse à une dame, le coup de chapeau peut être souligné d'une légère inclination de corps.

En entrant dans un salon, vous rapprochez les talons l'un contre l'autre et vous inclinez le corps sans exagération ni raideur ; vous jetez un regard circulaire et vous allez présenter vos hommages à la maîtresse et au maître de maison.

Il serait très inconvenant de laisser remarquer en entrant que vous connaissez des personnes invitées.

Le premier salut doit toujours venir de la personne la plus jeune, de l'inférieur, de l'homme si le salut s'adresse à une femme. Dès qu'il fait nuit, sauf dans les rues très éclairées, on ne salue plus. Si vous êtes en groupe et qu'une personne soit saluée, tout le groupe doit rendre le salut.

La Musique en société. — Réunions, Bals, Soirées.

Si vous êtes musicien, vous devez chercher à être agréable à vos auditeurs plutôt que de chercher à tirer vanité de votre talent. Pour ne pas être ridicule, vous devez exécuter les morceaux par cœur. S'il y a oubli ou défaillance dans le jeu, vous passez outre sans vous arrêter.

Si vous êtes auditeur, il faut éviter d'applaudir ou d'exprimer trop bruyamment vos éloges. Et si l'on désire connaître votre avis, ne le donnez qu'avec tact et circonspection.

Dans un bal, un homme du monde ne prendra jamais

la taille d'une jeune fille, mais se contentera simplement de poser la main dans le dos, à hauteur de la ceinture. Il n'invitera jamais une jeune fille sans lui avoir été présenté ; cette invitation devra être accompagnée d'une légère inclination, en lui offrant le bras droit dès que commence la danse.

En reconduisant la jeune fille à sa place, après la danse, il devra s'incliner à nouveau devant elle. Un soldat danse sans éperons et sans épée. Celle-ci a été laissée dans le vestiaire avec les pardessus des invités civils.

Les chapeaux claques sont gardés à la main par les invités.

Dans les soirées intimes, les thés, il est permis quelquefois de s'y présenter en redingote noire et pantalon clair.

Il serait mal séant dans une soirée de vous amuser à toucher les menus objets constituant la toilette d'une dame, tels que : éventail, mouchoir, ombrelle, etc.

Si par accident vous cassez un bibelot, la galanterie vous invite aussitôt à le prendre et à en faire porter le lendemain un autre un peu plus beau que celui-ci, ou tout au moins semblable.

Dans les lunchs, thés, etc., un homme doit toujours veiller à débarrasser les dames de leurs tasses dès que celles-ci ont fini de boire.

Dans la Rue, l'Escalier et les Lieux publics.

Un homme doit offrir le bras à une dame de façon à lui laisser le haut du pavé. S'il est seul, il doit céder ce côté, c'est-à-dire le côté des maisons, à toute dame ou personne âgée qu'il rencontre. Si le trottoir est trop

étroit pour laisser passer deux personnes, il doit descendre pour laisser passer.

Si les circonstances le forcent à passer devant une
personne, il doit s'en excuser, en se découvrant si c'est
une dame, en portant la main à son chapeau si c'est un
homme.

Un homme doit toujours se découvrir en parlant à une
femme et rester la tête découverte, pendant un certain
laps de temps, si cette dame oublie de donner l'autorisation de se couvrir. Si d'avoir la tête découverte
vous indispose, vous vous couvrez en vous excusant.

En descendant un escalier, il doit laisser la rampe à
la personne qui monte. Si c'est une dame, il se dé-
couvre quand celle-ci passe à côté de lui; si c'est un
homme, il porte la main à son chapeau.

Dans un escalier à paliers, il se met vers le mur et
attend sur le palier que la personne soit montée.

Un homme qui monte un escalier avec une dame,
doit la suivre; s'il le descend, il doit la précéder immédiatement, afin qu'en cas de chute il puisse lui porter
appui.

Si vous descendez ou que vous montiez un escalier
lentement, par suite d'infirmités, vous devez vous mettre
vers le mur pour laisser passer les personnes qui descendent ou montent en même temps que vous à une
allure plus vive, en les priant de passer devant. Une personne ne doit pas passer devant une autre personne sans
y avoir été invitée. Un homme ne doit pas accoster, dans
la rue, une dame ou une jeune fille, si elle est avec des
personnes qu'il ne connaît pas; pas plus qu'un ami, si
celui-ci se trouve avoir une dame au bras qu'il ne connaît pas.

Il serait très inconvenant aussi si un homme ayant
une dame au bras accostait ses amis. Cette familiarité

n'est permise que quand on a au bras sa femme et que ce sont de vieux amis que l'on rencontre.

Dans une promenade ou un omnibus, si les sièges manquent pour les dames, il est de toute rigueur pour un homme d'offrir sa place ; il doit le faire de préférence à une dame âgée ou infirme.

Si vous êtes en promenade, qu'il y ait plusieurs dames dans la société et que vous désiriez offrir des fleurs, vous devez le faire à toutes les dames indistinctement. Ce serait de la dernière impolitesse si vous agissiez différemment. Un jeune homme ne peut en offrir séparément à une jeune fille que s'il est son parent ou son fiancé.

Si vous êtes à cheval, vous ne devez jamais chercher à dépasser une amazone, à une allure vive. Si vous devez monter à cheval et que vous accompagniez une dame, vous ne devez le faire que lorsque la dame est installée sur sa monture ; vous l'aidez en cela en offrant le genou droit, ou les deux mains enlacées, comme marche-pied. Vous vous placez à gauche de l'amazone.

La Conversation. — Les Compliments.

La conversation d'un homme du monde doit être empreinte de tact et de cœur beaucoup plus que d'esprit. Il va de soi qu'il faut en bannir toute calomnie ou médisance, de même que tout sujet trop scabreux. Si par hasard un homme est lancé dans un discours qui paraît déplacé à la maîtresse de maison, il doit aussitôt changer de ton ou de sujet au premier rappel à l'ordre que celle-ci lui fera indirectement.

Un diseur doit avoir beaucoup de mémoire, afin d'éviter de raconter plusieurs fois la même chose.

Il doit éviter une voix criarde aussi bien que le chuchotement, ainsi que nous l'avons dit.

Un homme du monde ne soutient jamais fortement une chose contre l'opinion d'une dame, mais il doit toujours paraître se ranger à l'avis de celle-ci.

Un jeune homme ne doit jamais insister contre l'opinion d'une personne plus âgée que lui; il doit plutôt laisser croire qu'il est dans l'erreur.

Un homme du monde évite soigneusement de vanter un artiste devant un autre artiste de même profession; il ne doit pas non plus faire l'éloge de la grâce et de l'élégance d'une femme devant une femme âgée de moins de soixante ans, ou qui a une fille à marier, ou devant une dame infirme.

Un homme n'appelle jamais mademoiselle une personne dont il ignore la position; il est plus convenable de l'appeler *madame*.

Dans les compliments que l'on fait à une femme, c'est le tact et le bon sens qui doivent présider; on doit éviter la gaucherie, la maladresse et l'abus. Un homme du monde doit toujours se rappeler que ce sont là simples témoignages de cordialité ou de sympathie.

Nous avons oublié de dire qu'il n'y a que les parvenus qui parlent à tout bout de champ, sans qu'on le leur demande, de leurs richesses, qui émaillent leurs conversations de mots grossiers, ou blasphèment à tout propos; en aucun cas un vrai homme du monde ne se permettra de le faire.

La Tenue de l'Homme du Monde et des manières qui le révèlent.

La bonne tenue sert à première vue à distinguer un

homme du monde du vulgaire parvenu. C'est par une observation constante sur soi-même qu'on y arrive et en fréquentant les gens de bonne société.

Un homme ne parlera jamais à une femme le chapeau sur la tête ou le cigare à la bouche. Il ne lui parlera jamais non plus de façon à l'incommoder par son haleine ou à lui envoyer ce qu'on appelle des postillons.

Un homme du monde ne se mouchera jamais devant une dame, mais se détournera en développant bien son mouchoir, de façon à lui cacher le côté répugnant de cet acte de propreté.

Il ne dira jamais : « J'ai vu monsieur Z*** avec sa dame, sa demoiselle, etc. », mais « J'ai vu *monsieur et madame Z***. avec leur fille* ou *mademoiselle leur fille.* » Il ne demandera jamais à une personne dont il n'est pas l'intime ami : « Comment va votre père, votre mère, etc. », mais *monsieur votre père*, etc.

Un homme du monde ne crachera jamais que dans son mouchoir, quand il est en société, et s'il est seul, dans la rue, il effacera toujours du pied les suites de son expectoration.

Un homme du monde, surpris par une infirmité subite, telle qu'un éternuement, etc., qu'il lui était impossible de prévoir et de parer, en demandera pardon en s'en excusant. Si, par mégarde, il heurte une dame ou un homme, il s'en excusera en s'arrêtant, au lieu de continuer son chemin.

Un homme du monde offrira toujours la main pour aider une dame avec laquelle il est, à monter ou à descendre d'un véhicule ; il lui avancera un siège pour qu'elle s'asseoie commodément, lui mettra un tabouret sous les pieds ; en tout et partout, il lui réservera la meilleure place. Il lui tirera la sonnette, ouvrira la porte, fera tout pour lui éviter la moindre peine. En entrant dans une église, il lui offrira l'eau bénite ; dans un édifice religieux, il y sera respectueux.

Un homme du monde supportera sans récriminations l'incommodité d'une voisine ou d'un voisin, quitte à changer de place dès qu'il le pourra. Il ne se moquera jamais d'une infirmité, sera indulgent pour les défauts d'autrui. S'il a des reproches à adresser aux siens, il ne le fera jamais en public.

Un homme qui, en ces menus actes de la vie, n'agit pas comme il vient d'être dit, n'est pas un homme du monde. Il peut en avoir plus ou moins les dehors, le vernis, la grimace, mais il ne saurait être considéré comme homme du monde.

C'est surtout dans les actes infimes de la vie, alors que rien ne le surveille ni l'épie, que le parvenu, et n'oublions pas qu'il y a des parvenus dans les plus vieilles familles, se réveille. Car ce qui constitue l'homme du monde, c'est la délicatesse des sentiments, et il n'accomplit jamais ses devoirs pour recevoir l'approbation de la galerie, mais pour la satisfaction de sa conscience ; c'est pour cela qu'il ne doit jamais se départir de la politesse, surtout à l'égard des humbles, des pauvres et de ses inférieurs.

Le Vêtement.

Rien n'est d'aussi mauvais goût que de se regarder fréquemment dans une glace, de se rajuster, refaire sa cravate ou friser sa moustache devant des dames.

Un homme du monde ne porte jamais de lourdes chaînes de montre, de gros bijoux, et de nombreuses bagues.

Tout chez lui est simple et marqué au coin du bon goût.

A la Campagne.

Si nous sommes amphitryons, nous devons nous inquiéter des aises de nos invités ; nous devons veiller à ce qu'ils satisfassent leurs plaisirs et fantaisies, et, s'ils doivent passer chez nous un certain laps de temps, nous ne devons manifester aucune impatience de leur départ, mais attendre qu'ils se retirent d'eux-mêmes.

Vous devez leur éviter soigneusement toute dépense pendant leur séjour. Afin de leur faciliter l'arrivée, vous allez les attendre à la gare et vous vous occupez de leurs bagages. La chambre qui leur est offerte doit contenir tout ce qui est nécessaire à la toilette, à la correspondance, un verre d'eau sucrée et un flacon de fleur d'oranger.

Si vous êtes invité, vous ne devez jamais vous montrer en déshabillé.

Pour le repas du soir, vous devez arborer le costume de soirée : smoking ou habit.

Vous ne devez pas quitter vos amphitryons sans laisser un cadeau en espèces aux personnes de service, et dans les huit jours qui suivent votre retour, vous devez écrire à vos hôtes pour les remercier de leur accueil.

En Voyage.

Les meilleures places dans un vagon doivent être offertes aux dames.

Il ne vous est permis de fumer qu'après en avoir obtenu l'autorisation des dames qui se trouvent dans le compartiment.

Vous devez aider les personnes qui montent ou qui descendent, et vous excuser quand vous passez devant quelqu'un.

Vous ne devez ouvrir ou fermer un vasistas qu'après en avoir demandé la permission.

En descendant à l'hôtel, vous montez dans votre chambre et faites un peu de toilette avant de descendre à table d'hôte.

Un homme du monde ne se permet jamais de tenir des propos scabreux ou même légers quand il y a des dames à table.

Il est malséant de se montrer exigeant à l'égard du service, ou de réclamer avec insistance un plat ou un dessert qui n'est pas dans le service.

Vous ne devez pas non plus fumer à table, pas plus que lorsque vous vous présentez dans une maison où il y a des dames. Ces libertés ne sont permises qu'entre hommes, au fumoir ou en plein air.

En quittant un hôtel, vous devez un pourboire aux gens de service.

En matière de deuil.

Le grand deuil pour un homme du monde consiste en costumes d'un noir mat, haut crêpe au chapeau et cravate blanche. Étant en uniforme, le deuil se porte par un crêpe au bras.

Il ne faut pas oublier non plus de se servir de mouchoirs ornés d'une bande noire, et de papier à lettres et enveloppes ayant également une bande noire.

Un fonctionnaire ou tout homme forcé de paraître en public devra s'en abstenir les quinze premiers jours de son grand deuil.

Des Convenances épistolaires.

S'il est permis à un homme d'écrire à une fem me, s'il ne lui est pas défendu de se montrer galant et empressé, il ne peut le faire qu'en restant dans les limites des convenances.

Un signe de grand respect, c'est de mettre une majuscule à tous les pronoms qui tiennent la place du nom de la dame à laquelle vous écrivez. Par exemple, au lieu d'écrire : « Madame, je suis heureux de vous apprendre, etc. », vous écrirez le *v* de vous avec une majuscule : « Je suis heureux de Vous apprendre, etc. » Et vous ferez ainsi dans tout le corps de la lettre.

Si vous écrivez à une jeune personne, il faut éviter de le faire d'une façon trop suivie.

Règle générale et pour finir, ne craignez jamais d'être trop poli à l'égard d'une dame.

L'Usage des Bouquets.

Ce chapitre faisant double emploi avec celui contenu dans le *Guide de la Femme du Monde*, nous invitons nos lecteurs à s'y reporter, page 98.

Petit Code mondain à l'usage des Militaires.

Un soldat rencontrant un supérieur ayant au bras une femme, le salue réglementairement à six pas de distance et s'incline légèrement en passant, pour exprimer sa déférence pour la femme de son supérieur.

Un officier qui en rencontre un autre, même de grade inférieur, doit également s'incliner poliment, si cet officier est en compagnie d'une dame, pour rendre hommage à celle-ci.

Un militaire qui se trouve dans un groupe peut saluer de la main gauche quand la position du sabre l'oblige à donner le bras droit.

Un militaire accompagnant une dame dans une promenade à cheval prend la gauche de cette dame.

Les officiers en visite chez leurs supérieurs se découvrent aussitôt après le salut réglementaire.

Les sous-officiers, caporaux et soldats ne se découvrent qu'après y avoir été invités.

Dans les visites officielles chez les autorités civiles ou chez un supérieur qui n'est pas en tenue militaire, un officier se présente découvert.

Chez le Président de la République, un officier en tenue doit le salut militaire avant de se découvrir.

Quand, dans les visites comme les visites de corps, par exemple, les officiers sont en grande tenue, jugulaire sous le menton, ils restent couverts.

Dans un diner, un officier garde son sabre et ne le quitte que sur l'invitation de la maîtresse de maison.

Dans une soirée dansante, l'officier laisse son sabre et son manteau au vestiaire.

Les autres règles du savoir-vivre étant communes aux militaires et aux civils, ont été indiquées dans les chapitres précédents (1).

---

(1) Certains détails du *Savoir-Vivre* étant les mêmes pour les deux sexes, nos lecteurs les trouveront dans le *Guide de la Femme du Monde*, à leurs chapitres correspondants.

CONCLUSIONS

J'aurais pu donner à ce livre le titre de *Guide mondain dans toutes les circonstances de la vie*, ou *La Science des usages du Monde*. J'ai préféré celui de *Guide de la Femme du Monde*, contenant, les *Guides de la jeune Fille et de l'Homme du Monde*, comme étant le titre qui répond le mieux au but que je me suis proposé en l'écrivant: c'est-à-dire donner toutes les règles de la politesse et du savoir-vivre qui font dire d'une femme: « Elle n'est déplacée nulle part »; et d'un homme: « Il est homme du monde. »

MARQUISE DE POMPEILLAN.

TABLE DES MATIÈRES

GUIDE DE LA FEMME DU MONDE

GUIDE DE L'HOMME DU MONDE

IMPRIMERIE PONTET-BRAULT